John A. Read

Avec un avant-propos de David M. F. Chapman

Stellar Publishing

En partenariat avec

Formac Publishing Company Limited

Halifax

AVANT-PROPOS :
Pourquoi observer la Lune ?

Quand j'étais enfant, à Winnipeg, au Manitoba, j'ai attrapé la piqûre de l'astronomie. Par une froide nuit d'hiver, mon père m'a emmené à l'extérieur et m'a montré les motifs stellaires de la Grande Casserole et d'Orion. J'étais captivé ! J'ai alors commencé à dévorer tous les livres d'astronomie de la bibliothèque publique et à m'extasier devant les publicités de télescopes dans le *Sky & Telescope,* le seul magazine d'astronomie disponible à l'époque. Le jour de mes dix ans, mes parents m'ont offert un petit télescope de 60 mm sur trépied en bois, ainsi qu'un livre d'astronomie de Patrick Moore.

Le soir même, j'ai dressé une liste des choses que j'avais vues avec mon télescope (j'ai toujours la liste — mais pas le télescope — plus d'un demi-siècle plus tard). J'ai d'abord noté les cratères, les mers et les monts que je pouvais observer sur la Lune avec mon petit télescope. Plus tard, j'ai fait des dessins de la Lune telle qu'elle apparaissait à travers l'oculaire. J'ai aussi observé des éclipses lunaires, des occultations d'étoiles par la Lune, des clairs de Terre — bref, toutes les choses décrites dans le livre que vous tenez maintenant. J'aurais aimé avoir ce livre à l'époque !

Bien sûr, je suis passé de l'observation de la Lune à celle des étoiles, des planètes, des galaxies et des nébuleuses. J'ai aussi appris à utiliser de plus gros télescopes. Quand d'autres astronomes amateurs restaient à l'intérieur « parce que la Lune ruinait le ciel », j'étais celui assis dehors avec un télescope, en compagnie d'une vieille amie.

J'ai une relation unique avec la Lune : aux petites heures de mon seizième anniversaire, l'astronaute Neil Armstrong descendait du module lunaire Eagle pour marcher à la surface de la Lune — c'était le premier humain à le faire. Je l'ai regardé en direct sur une télévision en noir et blanc, puis je suis sorti pour observer la Lune. Je me suis dit : « Ça alors, il y a des gens là-haut ! » Je ne l'oublierai jamais.

Il y a de nombreuses raisons d'explorer la Lune (avec un télescope depuis la Terre). C'est notre plus proche voisine dans l'espace ; elle est facile à trouver, lumineuse, et présente de nombreux détails visuels intéressants ; nul besoin d'aller à un endroit spécial pour la voir (votre cour convient) ; et vous n'avez pas besoin d'un télescope sophistiqué. C'est aussi simple que ça. Mais la meilleure raison d'observer la Lune en tant qu'astronome débutant est que vous apprendrez à utiliser votre télescope et à interpréter ce que vous y voyez. Vous serez alors mieux préparé pour chasser les planètes, les étoiles doubles, les galaxies et d'autres objets plus difficiles. Je vous assure que c'est la vérité !

Avec ce livre, John Read commence par la base. Il aide les gens ordinaires à s'émerveiller devant le ciel nocturne depuis des années, et il sait maintenant ce qui les excite. Il a choisi 50 caractéristiques lunaires intéressantes qu'il a lui-même observées, photographiées et étudiées. Je l'ai vu faire et je peux confirmer qu'il a mis tout son cœur et toute son âme dans ce projet. Que vous vous lanciez dans ce nouveau passe-temps sérieusement ou simplement pour vous amuser, ce livre est fait pour vous !

David M. F. Chapman, Rédacteur émérite
Observer's Handbook de la SRAC (2012–2016)

Cette édition française est dédiée à Josh Underhay (1983-2019), à son fils Oliver (2012-2019), et aux enseignants et élèves de la Birchwood Intermediate School, qui m'ont donné l'inspiration d'apporter ce livre aux lecteurs francophones.

Droit d'auteur © 2019 par John A. Read

Tous droits réservés. Aucune partie de ce livre ne peut être reproduite ou transmise sous quelque forme ou par quelque moyen que ce soit, électronique ou mécanique, y compris la photocopie, ou par système de stockage ou de recherche d'information, sans l'autorisation écrite de l'éditeur.

Formac Publishing Company Limited et Stellar Publishing reconnaissent l'appui de la province de la Nouvelle-Écosse par l'entremise du ministère des Collectivités, de la Culture et du Patrimoine. Nous sommes heureux de travailler en partenariat avec la province de la Nouvelle-Écosse pour développer et promouvoir nos ressources culturelles à tous les Néo-Écossais. Nous reconnaissons l'appui du Conseil des Arts du Canada, qui a investi 153 millions de dollars l'an dernier pour faire connaître les arts aux Canadiens de partout au pays. Ce projet a été rendu possible en partie grâce au gouvernement du Canada.

Conception de la couverture : Tyler Cleroux
Image de la couverture : Istock, Adobe Stock
Assistants d'édition : David M. F. Chapman, Pierre Paquette
Traduction française par Simon Demers

Bibliothèque et Archives Canada, Catalogage avant publication

Titre : 50 choses à voir sur la Lune : guide de l'astronome débutant/John A. Read.
Autres titres : 50 choses à voir sur la Lune
Noms : Read, John A., auteur.
Description : Comprend des références bibliographiques.

ISBN : 978-1-7774517-8-3

Édition française publiée par Stellar Publishing, Halifax, N.-É., Canada.

Édition anglaise en livre relié publiée par :
Formac Publishing, 5502 Atlantic Street, Halifax, N.-É., Canada, B3H 1G4

TABLE DES MATIÈRES

Introduction à la Lune 4
Un aperçu de la Lune 6
À quelle distance la Lune se trouve-t-elle ? 7
Comment utiliser ce livre 8
Événements lunaires et comment les voir 10
Comment la Lune apparaît-elle dans un télescope
 ou des jumelles 12
Directions sur la Lune 14

50 CHOSES À VOIR
  1 Les mers lunaires 16

JOURS 1 À 5
  2 La jeune Lune 19
  3 Le groupe des quatre 20
  4 Cleomedes 21
  5 Endymion 22
  6 Les aiguilles d'horloge 23
  7 Les cratères émoji 24
  8 Atlas et Hercules : les cratères de Titans 25
  9 Les rayons de Messier 26
10 Le sabot 27
11 Rheita Vallis 28
12 Rupes Altai 29
13 Les monts Taurus 30
14 Le cratère du coquillage 32
15 La crête serpentine 33

JOURS 6 À 8
16 Les cratères des haltères 35
17 L pour le LEM (Apollo 11) 36
18 L'arc de l'archer 38
19 Les cratères des roues de bicyclette 39
20 Le X lunaire 40
21 Le V lunaire 41
22 Les cratères de la ligne centrale 42
23 Les monts Apennins 43
24 Rima Hadley (Apollo 15) 44
25 Montes Alpes 46

26 Vallis Alpes 47
27 Le cratère Archimedes 48
28 Le Mur droit 49

JOURS 9 À 13
29 Le cratère du fromage suisse 51
30 Le cratère Plato 52
31 Le cratère du bibliothéquaire 53
32 Le M lunaire (monts Riphées) 54
33 Montes Recti 56
34 Le cratère Copernicus 57
35 Les montagnes zigzag 58
36 Le cratère à la cape 59
37 Les deux îles 60
38 Les rayons de Kepler 61
39 La bague à diamant 62
40 La baie des Arcs-en-ciel 63
41 Le cratère du cornichon 64
42 La tête de cobra 65
43 Le cratère de la courtepointe 66
44 Les tourbillons lunaires 67
45 Le dôme des dômes 68
46 Grimaldi : Le cratère au fond sombre 69

JOUR 14
47 Tycho 71
48 Le triangle lunaire 72
49 Les phares d'automobiles 73
50 Palus Somni 74

Caractéristiques notables de la face cachée
 de la Lune 75
Annexe 1 Calendrier des éclipses lunaires 76
Annexe 2 Calendrier des éclipses solaires 77
Glossaire 78
Mentions de sources 79
Bibliographie et lectures complémentaires 80

Introduction à la Lune

Il y a environ 4,5 milliards d'années, dans un système planétaire criblé d'astéroïdes mortels, une planète rocheuse orbitait autour du jeune Soleil. Un astéroïde de 7 000 km de diamètre est entré en collision avec la planète, la déchiquetant et projetant des débris dans l'espace. Sous l'influence de la gravité, les débris se sont finalement regroupés pour former deux mondes distincts. Nous avons nommé le monde plus grand « Terre » et le plus petit « Lune ».

La Lune, voisine de la Terre, a toujours fait partie intégrante de la vie humaine. La Lune stabilise la rotation de la Terre, provoque les marées et éclaire la nuit. Les premiers humains utilisaient la Lune pour déterminer les temps d'ensemencement et de récoltes. Ils ont aussi développé des calendriers basés sur les cycles lunaires. En fait, le mot « lundi » vient de « Lune ».

Au fil du temps, les humains ont inventé de nouveaux calendriers, construit des gratte-ciel et découvert l'électricité pour éclairer la nuit. Pour plusieurs, la Lune n'est devenue qu'un rocher inintéressant. Puis, en pleine guerre froide avec l'Union soviétique, un président américain a exigé la supériorité sur la domination communiste dans l'espace.

« Nous choisissons d'aller sur la Lune ! »
— Le président John F. Kennedy, 1962

Les Soviétiques ont envoyé de nombreux vaisseaux spatiaux automatiques sur la Lune. Ils ont été les premiers à envoyer avec succès une sonde automatique (Luna 2) qui s'est écrasée à la surface de la Lune. Ils ont été les premiers à orbiter autour de la Lune et à prendre des photos de la **face cachée** de la Lune (Luna 3). Ils ont été les premiers à poser sans problème une sonde sur la Lune (Luna 9). Et, à la fin des années 1960, ils étaient sur le point d'envoyer des humains sur la Lune.

Mais en 1968, trois astronautes — Frank Borman, William Anders et Jim Lovell — ont quitté la Terre vers la Lune. C'était la mission historique Apollo 8, où, pour la première fois, des humains quittaient l'orbite terrestre. Cependant, leur vaisseau spatial ne comprenait pas de module lunaire. Arrivés à la Lune, ils ont passé 20 heures en orbite lunaire avant de revenir sur Terre.

Puis, en 1969, un Américain nommé Neil Armstrong est descendu du module lunaire et a marché sur la Lune. L'ennemi des États-Unis pendant la guerre froide surveillait chaque mouvement. Avec ce petit pas, l'Amérique avait gagné la course à l'espace.

Alors que Neil Armstrong et Buzz Aldrin remontaient dans le module lunaire pour préparer leur retour, un vaisseau spatial soviétique sans équipage, appelé Luna 15, orbitait au-dessus de leur tête. La sonde soviétique a changé de trajectoire, sans doute pour voir les astronautes américains de plus près, mais aussi pour se préparer à l'atterrissage. Malheureusement, pour ajouter à la défaite des Soviétiques, la sonde automatique s'est écrasée sur une montagne lunaire, à quelques centaines de kilomètres seulement de Neil et Buzz.

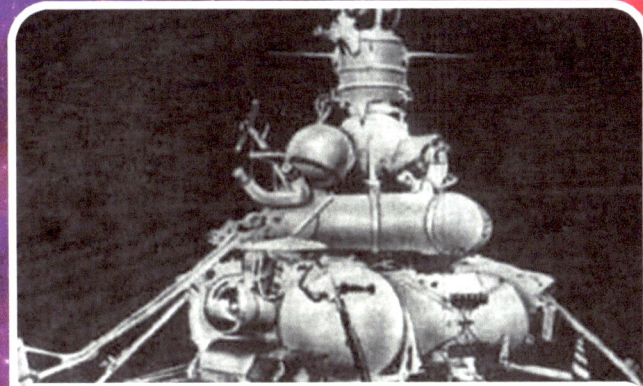

Image de Luna, un module lunaire soviétique sans équipage.

Le programme lunaire avec équipage des Soviétiques a connu plusieurs revers dans l'ombre du succès d'Apollo, particulièrement avec l'échec du lancement de la fusée géante qui devait propulser les cosmonautes dans l'espace. Avec les Américains sur la Lune, le programme lunaire avec équipage des Soviétiques a perdu tout soutien politique, avant d'être annulé.

Buzz Aldrin sur la Lune (Neil tenait l'appareil photo).

INTRODUCTION À LA LUNE

Un aperçu de la Lune

Vous n'avez pas besoin de cartes, de télescopes ou de jumelles (bien qu'ils soient très utiles) pour observer la Lune. Admirer la Lune est un plaisir en soi. Mais une fois que vous la verrez à travers un télescope, vous remarquerez immédiatement plusieurs choses.

Cratères — Un ou deux cratères sont visibles sans télescope sur la Lune, mais des milliers sont visibles avec un petit télescope. Ces cratères sont principalement formés par l'impact d'astéroïdes et de météorites, ou encore par l'affaissement d'anciens volcans. Il existe deux types généraux de cratères : les petits cratères simples, en forme de bols de céréales, et les cratères complexes, qui sont vastes et ont souvent un pic central formé par le rebondissement de la matière après un impact important.

Rainures (crevasses), failles (falaises), et vallées — Vous ne le remarquerez peut-être pas au premier coup d'œil, mais la lune est couverte de crevasses, de falaises et de vallées, qui peuvent mesurer des centaines de kilomètres de long et plusieurs kilomètres de large (les plus petits détails visibles sur la Lune avec un télescope font au moins quelques kilomètres de large).

Mers lunaires — Les mers lunaires (*maria* en latin) ressemblent à de grandes plaques grises à la surface de la Lune, parsemées de beaucoup moins de cratères que leurs environs. Une mer (*mare* en latin, prononcé « maré ») est formée d'anciennes coulées de lave. Les scientifiques estiment qu'elles ont plusieurs milliards d'années.

Fait stellaire!

C'est un astronome jésuite nommé Giovanni Riccioli (1598-1671) qui a décidé de donner aux cratères des noms de scientifiques et de philosophes. Il a attribué les noms les plus anciens au nord et les plus récents au sud. Riccioli a également identifié les *maria,* ou mers, avec des noms latins signifiant tranquillité, arcs-en-ciel, pluies, froid, vapeurs, et plusieurs autres.

À quelle distance la Lune se trouve-t-elle ?

En regardant la Lune à travers un télescope, on a presque l'impression de pouvoir la toucher. Cependant, la Lune se trouve à une distance moyenne de 384 000 km. C'est plus de 35 fois la distance entre New York et Tokyo, au Japon ! Si vous parcouriez cette distance sans arrêt, à 90 km/h, cela vous prendrait presque six mois !

Terre

Lune

Chaînes de montagnes lunaires — Tout comme la Terre, la Lune a des montagnes ! La plupart des montagnes lunaires ont été formées par une poussée ascendante causée par des impacts d'astéroïdes géants. Elles se sont donc formées en quelques minutes seulement ! La chaîne de montagnes la plus importante (et pour certains, la plus spectaculaire) est *Montes Apenninus*, qui s'étend sur près de 600 km, avec des sommets de plus de 5 km de haut.

Rayons — Formés lorsque la roche et la poussière (appelées éjectas) sont délogées après l'impact d'un météore, les rayons lunaires apparaissent sous forme de traînées brillantes émanant de la zone d'impact. Certains rayons, comme ceux émanant du cratère Tycho, font des milliers de kilomètres de long ! Ils durent des millions d'années.

Échelle lunaire — La Lune fait 3 475 km de diamètre, soit environ la largeur les États-Unis. Le plus petit détail vu sans télescope — une mer lunaire, par exemple — peut avoir la taille du Texas. Avec des jumelles, il est possible d'explorer des cratères qui ne font que 100 km de diamètre, soit à peu près la taille du comté de Los Angeles. Ce n'est qu'en observant la Lune au télescope que des détails ne faisant que quelques kilomètres, ou ayant la taille de l'île de Manhattan, à New York, sont visibles.

À QUELLE DISTANCE LA LUNE SE TROUVE-T-ELLE ?

Comment utiliser ce livre

Jours lunaires — Ce livre suit les **phases** lunaires, de la nouvelle Lune à la pleine Lune. Cette transition représente environ 14 jours de vues uniques de la Lune dans le ciel nocturne. Chaque jour, une nouvelle tranche de Lune devient visible. Les éléments les plus importants apparaissent le long du **terminateur**, c'est-à-dire la ligne irrégulière nord-sud que suit le lever ou le coucher du Soleil sur la Lune.

Lever et coucher de Lune
La Lune se lève à l'est et se couche à l'ouest tous les jours, comme le Soleil, mais elle se lève environ 50 minutes plus tard chaque jour. Si vous observez la Lune à la même heure tous les jours, elle semble se déplacer d'ouest en est.

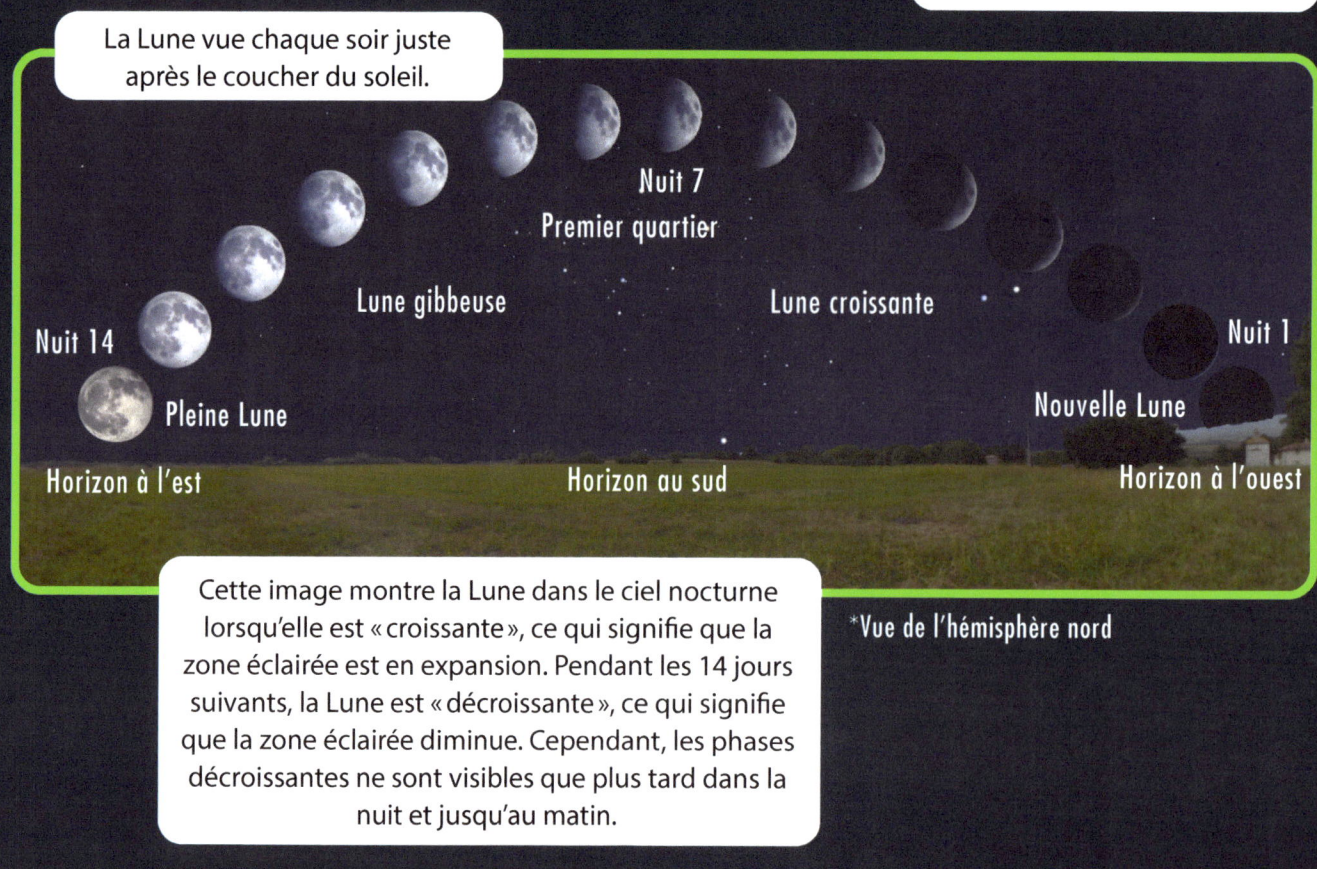

La Lune vue chaque soir juste après le coucher du soleil.

Nuit 14 — Pleine Lune
Lune gibbeuse
Nuit 7 — Premier quartier
Lune croissante
Nuit 1 — Nouvelle Lune

Horizon à l'est — Horizon au sud — Horizon à l'ouest

*Vue de l'hémisphère nord

Cette image montre la Lune dans le ciel nocturne lorsqu'elle est « croissante », ce qui signifie que la zone éclairée est en expansion. Pendant les 14 jours suivants, la Lune est « décroissante », ce qui signifie que la zone éclairée diminue. Cependant, les phases décroissantes ne sont visibles que plus tard dans la nuit et jusqu'au matin.

Vous pouvez reproduire les phases lunaires en tenant une boule à bout de bras au coucher du Soleil et en tournant sur vous-même. Dans cette image, Marni Berendsen, coordonnatrice du projet éducatif à la *Astronomical Society of the Pacific* (ASP), fait exactement cela.

La Lune apparaîtra différemment selon le type de télescope ou de jumelles que vous utilisez. Ces différentes vues vous aideront à orienter votre télescope pour trouver des cibles plus difficiles.

 Vers le haut / Jumelles

 Inversée / de Newton

 Vue en miroir renversée / Réfracteur

Chaque page contient trois images distinctes de la Lune. La plus grande image montre la Lune à travers des jumelles. Les images en grossissement proviennent d'un télescope de Newton ou d'un télescope réfracteur. Utilisez l'image qui correspond à votre type d'appareil.

Image de la même région pendant trois nuits consécutives.

Le terminateur, qui est la ligne entre le jour et la nuit sur la Lune, est le meilleur endroit pour concentrer vos efforts d'observation. Les hautes montagnes et le bord des cratères sont les premières choses visibles. Les cratères se remplissent ensuite de lumière, projetant l'ombre des parois et des monts avoisinants. Finalement, une fois en pleine lumière, les ombres reculent et les détails les plus fins s'estompent dans des nuances de gris et de blanc.

COMMENT UTILISER CE LIVRE

Événements lunaires et comment les voir

Conjonctions — Lorsque la Lune et une étoile, une planète ou une combinaison d'objets apparaissent rapprochées dans le ciel, l'événement s'appelle une « conjonction ». Les objets célestes ne sont pas physiquement rapprochés; ils apparaissent simplement dans la même direction depuis la Terre. Techniquement, une conjonction se produit lorsque des objets partagent la même **ascension droite (AD)**, terme qui indique l'emplacement est et ouest dans le ciel nocturne.

Vénus, Mars et la Lune presque en conjonction, le 31 janvier 2017.

Occultations — Les occultations lunaires se produisent lorsque la Lune passe devant une planète ou une étoile (seules les occultations de planètes et d'étoiles brillantes sont faciles à observer). Une liste des occultations à venir est disponible en ligne (lien à la page 80). Il est amusant d'observer la Lune pendant une occultation : vous verrez l'étoile ou la planète disparaître sur le **limbe** ouest de la Lune (à l'est dans le ciel) et réapparaître sur le limbe est (à l'ouest dans le ciel) en 60 minutes ou moins.

La Lune avant l'occultation d'une étoile brillante, le 20 mars 2018.

Éclipses lunaires — Une éclipse lunaire se produit quand la Lune traverse l'ombre de la Terre. Une telle éclipse peut être partielle ou totale, et peut être observée sur une grande partie de la Terre (la partie nocturne). Au cours d'une éclipse, surtout pendant une **totalité** (lorsque la Lune est complètement éclipsée), la Lune apparaît légèrement rouge à cause de la lumière du Soleil qui traverse l'atmosphère terrestre. Consultez l'Annexe 1 pour connaître les dates des prochaines éclipses lunaires.

Éclipse lunaire, le 21 décembre 2010.

Éclipses solaires — Une éclipse solaire se produit quand la Terre traverse l'ombre de la Lune. Comme la largeur de l'ombre de la Lune (environ 100 km) est beaucoup plus petite que le diamètre de la Terre (12 800 km), une éclipse solaire totale n'est visible qu'aux endroits situés sous l'ombre qui se déplace rapidement à la surface terrestre. L'ombre est étroite puisque la Lune et le Soleil ont environ la même taille angulaire dans le ciel. Consultez le calendrier des éclipses à l'Annexe 2 pour connaître la prochaine éclipse solaire près de chez vous.

Vous arriverez à voir une éclipse partielle, même si vous n'êtes pas sous l'ombre de la Lune. Assurez-vous d'utiliser des lunettes d'éclipse commerciales pour regarder cet événement.

Fait stellaire !

Les éclipses solaires ne sont pas toujours des éclipses totales. Si une éclipse se produit lorsque la Lune est plus éloignée de la Terre dans son orbite, elle ne couvrira pas complètement le Soleil. Il s'agit alors d'une **éclipse annulaire**, et vous devez toujours être sous l'étroit trajet de l'éclipse pour la voir. Lorsque la Lune ne couvre qu'une partie du Soleil, il s'agit d'une éclipse solaire partielle, observable sur une étendue beaucoup plus vaste.

Un « anneau de feu » se produit lorsque, pendant une éclipse annulaire, la Lune ne recouvre pas complètement le disque du Soleil. Assurez-vous d'utiliser des lunettes d'éclipse commerciales pour regarder cet événement.

Pleine Lune — Le cycle lunaire a longtemps fonctionné comme une sorte de calendrier et est encore utilisé dans les calendriers traditionnels autochtones, asiatiques et musulmans. Les médias parlent de Lune des moissons, Lune du chasseur, ou **super Lune**, mais d'un point de vue scientifique, ces Lunes n'ont rien d'inhabituel. Pour ceux qui aiment l'espace, la pleine lune est un bon moment pour observer toutes les grandes *maria* lunaires, ainsi que les rayons lunaires.

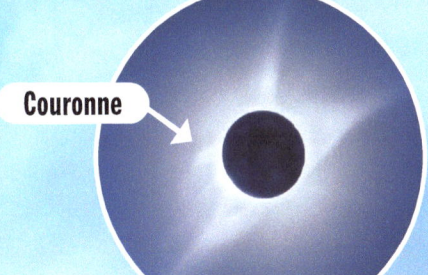

Si vous êtes sous l'ombre de la Lune pendant une éclipse solaire totale, vous vivrez la totalité. Vous pourrez alors voir la couronne solaire, et même des planètes et des étoiles brillantes.

Note : Le calendrier des éclipses solaires et lunaires se trouve dans les Annexes.

Comment la Lune apparaît-elle dans un télescope ou des jumelles

Vous avez peut-être regardé la Lune à travers votre télescope en vous demandant pourquoi elle apparaît renversée, inversée, ou les deux ! Les télescopes utilisent des lentilles ou des miroirs pour amener la lumière de l'espace à votre œil, mais les lentilles renversent les images et les miroirs inversent la vue ! L'apparence de la Lune dans votre télescope dépendra des détails de son optique.

Télescope à réflexion Explore Firstlight 114mm

Réfracteur Explore Scientific AR102

Un télescope à réflexion (de Newton) possède un grand miroir concave qui recueille la lumière. La lumière est ensuite réfléchie par un miroir diagonal à l'intérieur du télescope, à 90 degrés latéralement dans l'oculaire. La combinaison des deux reflets crée une image de la Lune renversée *et* inversée en miroir, donc une image renversée, ayant subi une rotation de 180 degrés.

Un réfracteur (à lentille) possède une grande lentille qui recueille la lumière. Le réfracteur astronomique de base inverse la vue, c'est-à-dire qu'il reflète l'image à travers un point central, lui faisant faire une rotation de 180 degrés. Le plus souvent, un réfracteur utilise un miroir diagonal ou un prisme pour refléter l'image à 90 degrés vers le haut dans l'oculaire ; cette image de la Lune sera à l'endroit, mais inversée en miroir. (Certains télescopes sont munis d'un oculaire redresseur, qui, comme son nom l'indique, redresse l'image. Les télescopes d'observation, destinés à la nature et aux sports, en sont équipés, et offrent une bonne vue à faible puissance de la Lune.)

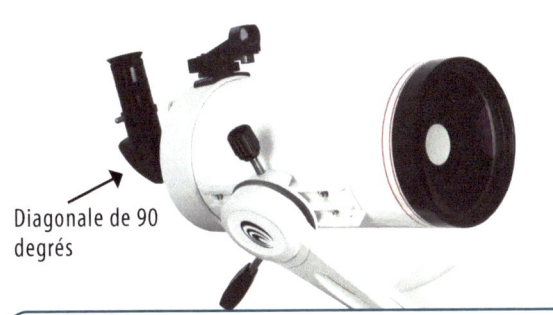

De nombreux télescopes utilisent deux miroirs et un renvoi coudé (qui contient un autre miroir). Dans ce cas, la combinaison des trois réflexions crée une image à l'endroit, inversée en miroir.

Diagonale de 90 degrés

Ce télescope Explore Firstlight 127mm Mak-Cassegrain produit une image à l'endroit, inversée en miroir, tout comme un réfracteur avec une diagonale de 90 degrés.

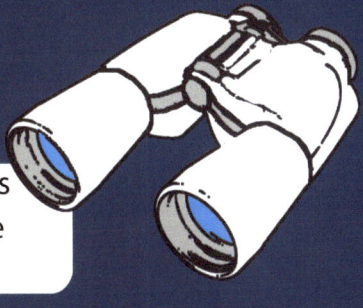

Les jumelles utilisent des lentilles et des prismes (cales en verre massif) pour arranger l'image en fonction de l'orientation de l'œil nu.

Mare Nectaris

Vue à travers des jumelles (ou à l'œil nu)

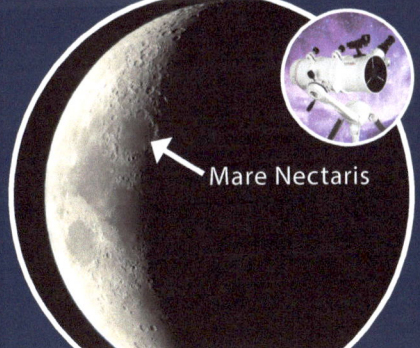

Mare Nectaris

Vue à travers un télescope de Newton ou de Dobson (image renversée)

Mare Nectaris

Vue à travers un réfracteur et le Schmidt-Cassegrain avec une diagonale de 90 degrés (image inversée en miroir)

Observation de la *Mare Nectaris* avec des jumelles, un télescope de Newton et un réfracteur.

COMMENT LA LUNE APPARAÎT-ELLE

Directions sur la Lune

En général, lorsque vous regardez la Lune « naturellement » (à l'œil nu ou avec des jumelles, à l'endroit et non inversée en miroir), le nord est en haut, le sud en bas, l'est à droite et l'ouest à gauche (c'est l'inverse dans l'hémisphère sud), comme avec tous les corps planétaires, incluant la Terre. Notez que l'axe est-ouest de la Lune est opposé à l'axe est-ouest du ciel. Cela peut prêter à confusion ! Par exemple, lorsque vous observez la Lune dans le ciel nocturne, elle se déplace rapidement d'est en ouest comme le font le Soleil et les étoiles. La Lune se déplace aussi, mais plus lentement, d'ouest en est dans le ciel par rapport aux étoiles. Lorsque la Lune couvre (ou occulte) une étoile, l'étoile disparaît derrière le limbe ouest de la Lune et en ressort jusqu'à une heure plus tard.

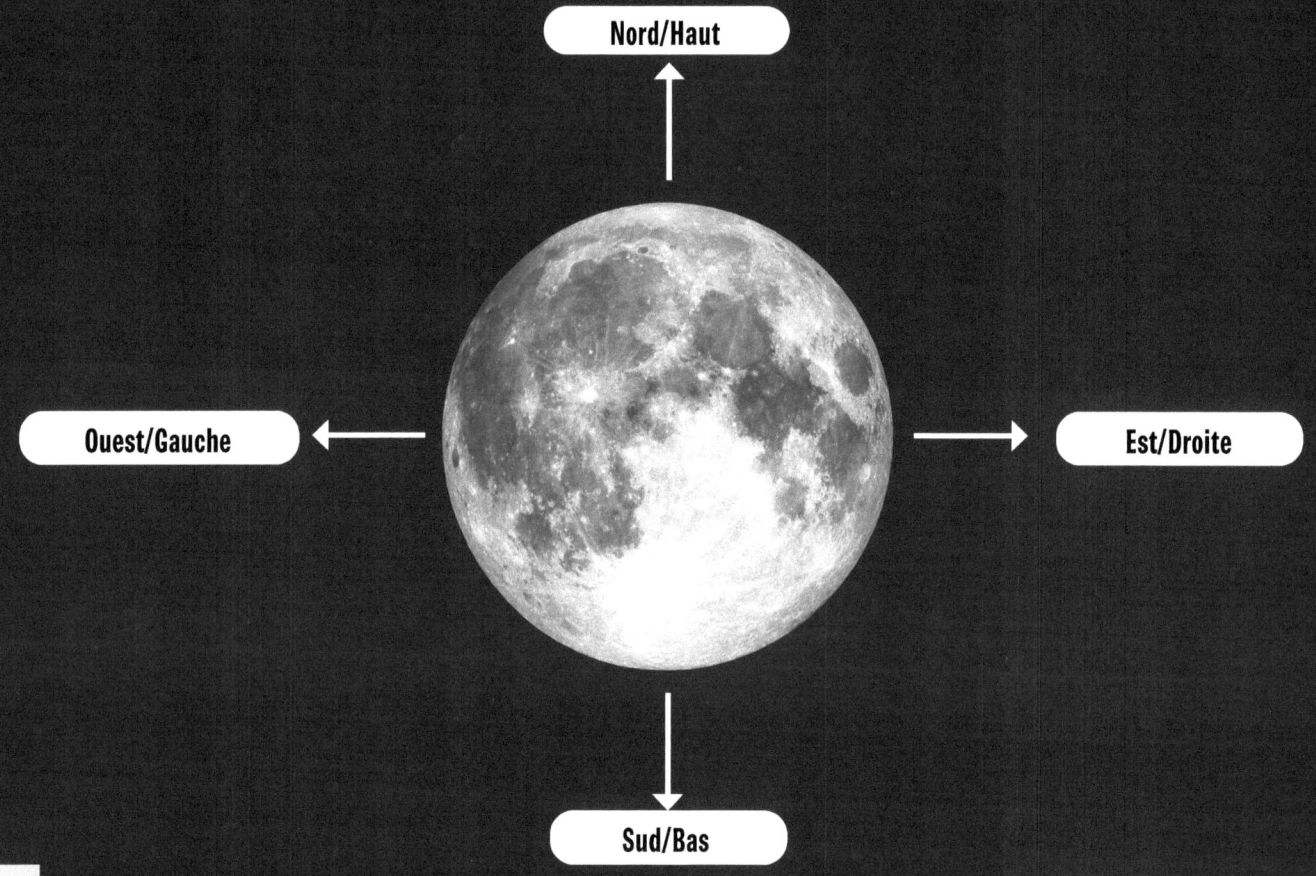

50 choses à voir

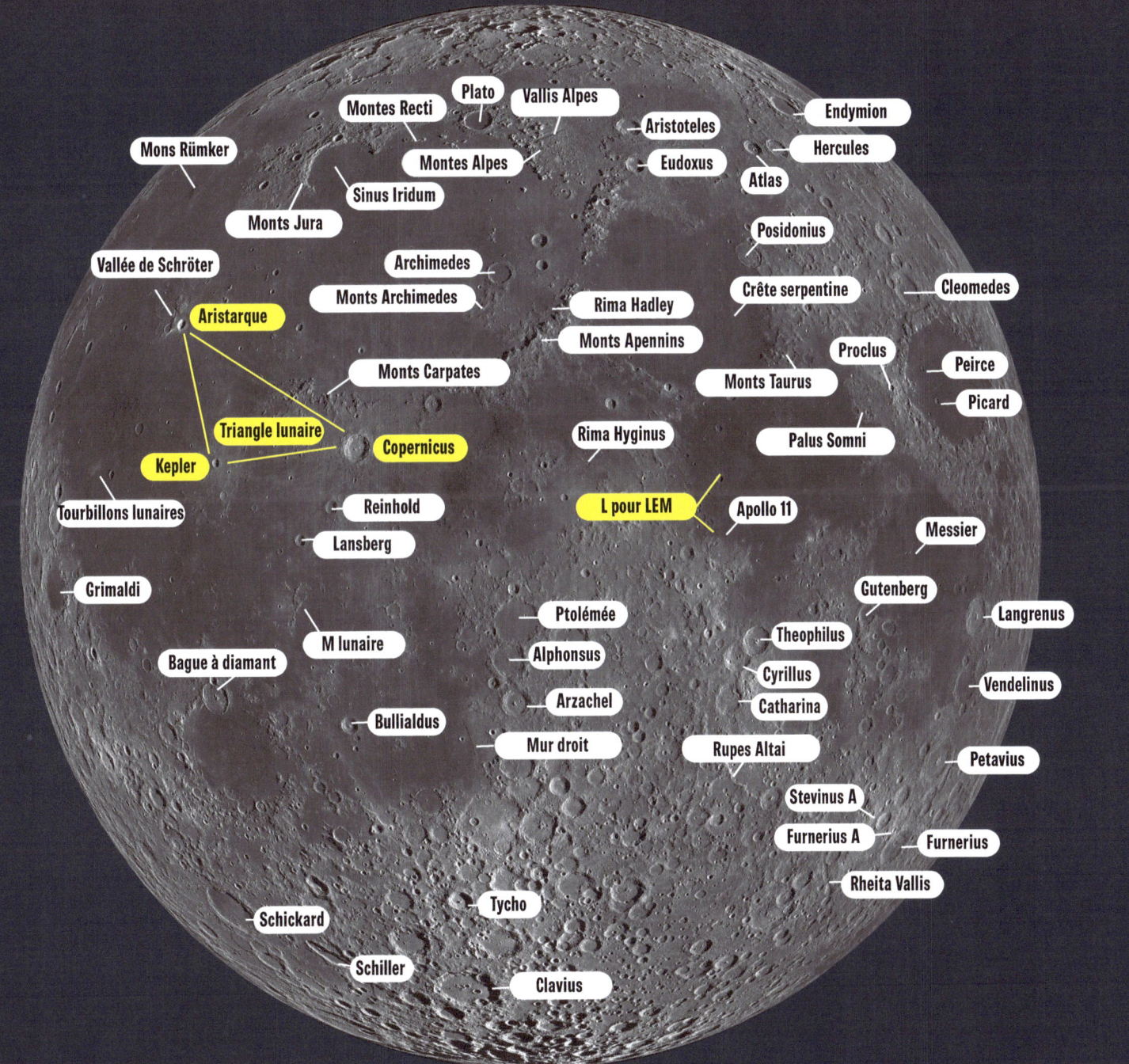

1 Mers lunaires

Ce livre progresse de la nouvelle Lune à la pleine Lune, mais nous commencerons par une introduction aux mers lunaires, puisque la plupart des choses que nous observerons se trouvent à l'intérieur ou près de celles-ci. Ces taches sombres sur la surface lunaire font plusieurs centaines de kilomètres de diamètre ; elles sont donc facilement visibles sans télescope. En fait, leurs formes donnent cette impression de « visage dans la Lune ». D'autres cultures voient un lapin, une vieille femme, une grenouille, etc.

On croyait autrefois que les mers étaient de véritables étendues d'eau, mais grâce aux télescopes et à d'autres instruments scientifiques, nous savons maintenant qu'il n'y a pas d'eau liquide à la surface de la Lune. Ces mers, résultant d'anciennes coulées de lave qui ont rempli les bassins créés par les impacts d'astéroïdes, apparaissent comme des plaques sombres, pratiquement sans cratère ni montagne. En se refroidissant, la lave a formé une roche sombre appelée basalte. Malgré tout, le nom de « mer » est resté.

En latin, le mot mer est *mare* (prononcé maré) et le pluriel est *maria*.

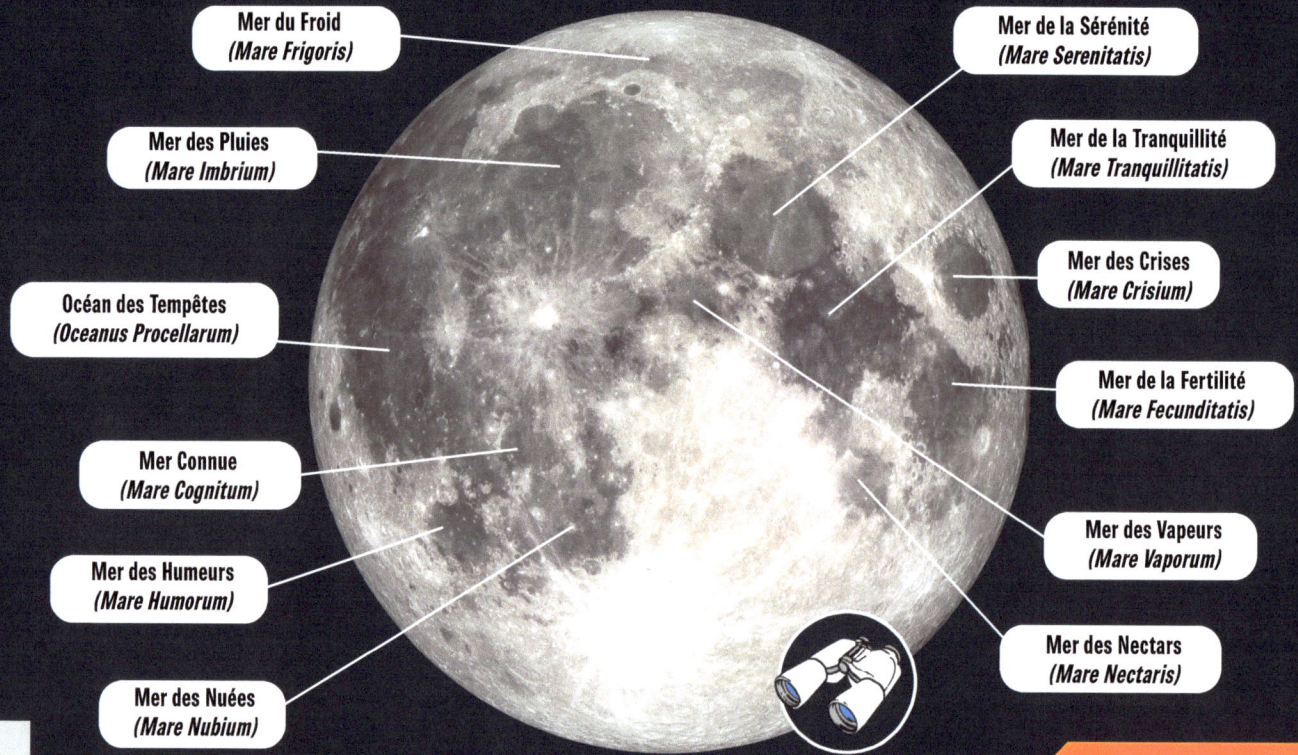

- Mer du Froid (Mare Frigoris)
- Mer des Pluies (Mare Imbrium)
- Océan des Tempêtes (Oceanus Procellarum)
- Mer Connue (Mare Cognitum)
- Mer des Humeurs (Mare Humorum)
- Mer des Nuées (Mare Nubium)
- Mer de la Sérénité (Mare Serenitatis)
- Mer de la Tranquillité (Mare Tranquillitatis)
- Mer des Crises (Mare Crisium)
- Mer de la Fertilité (Mare Fecunditatis)
- Mer des Vapeurs (Mare Vaporum)
- Mer des Nectars (Mare Nectaris)

Jours 1 à 5
Phase croissante

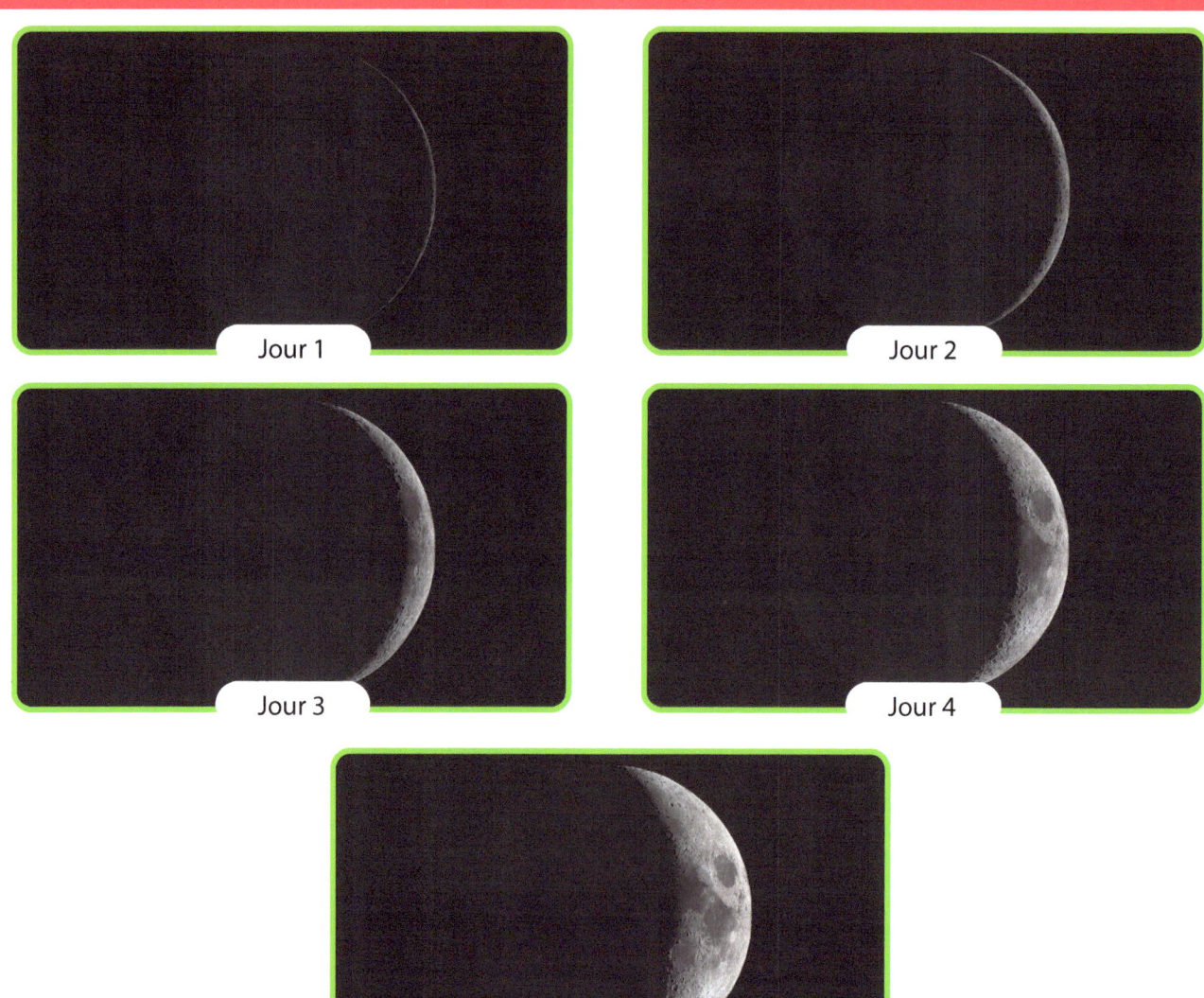

2 La jeune Lune

Même s'il n'est pas nécessaire d'avoir un télescope ou des jumelles pour voir cette phase, l'observation d'une « jeune » Lune représente un défi unique. Vous avez besoin d'une vue dégagée sur l'horizon ouest, juste après le coucher du soleil. La noirceur ne tombe que 30 minutes après le coucher du soleil, mais si vous attendez aussi longtemps, il pourrait être trop tard.

Vous trouverez une vue dégagée de l'horizon sur un rivage, un terrain plat, ou du haut d'une colline ou d'un bâtiment élevé.

Notez que toute la Lune est visible, et non seulement la partie illuminée par le Soleil. Ce phénomène est possible grâce au « **clair de Terre** » ; la lumière du Soleil qui se reflète sur la Terre et illumine la Lune.

Lune d'un jour et la comète PanSTARRS (C/2011 L4). 12 mars 2013

VISIBLE JOUR LUNAIRE 1
L'avez-vous vu ?

JOUR 1 À 5

3   Le groupe des quatre

Ce groupe non officiel de quatre grands cratères longe le côté sud-est de la Lune. Partant du cratère le plus au nord, le « groupe des quatre » comprend Langrenus, Vendelinus, Petavius et Furnerius. En regardant attentivement Langrenus lors du troisième ou quatrième jour lunaire, vous verrez des rayons s'étendre vers l'ouest. Les parois de Vendelinus ont été presque entièrement détruites par des impacts ultérieurs dans le cratère, mais la dépression centrale demeure. Avec 177 km de diamètre, Petavius est le plus grand cratère de la bande. En 1993, la première sonde lunaire du Japon s'est écrasée près de Furnerius.

Fait stellaire !

Le surnom « groupe des quatre » a été introduit par l'astronome amateur Dave North, collaborateur du *Hitchhiker's Guide to the Moon* (www.shallowsky.com/moon). Ce surnom figure maintenant dans plusieurs publications lunaires, dont le programme *Explore the Moon* de la SRAC.

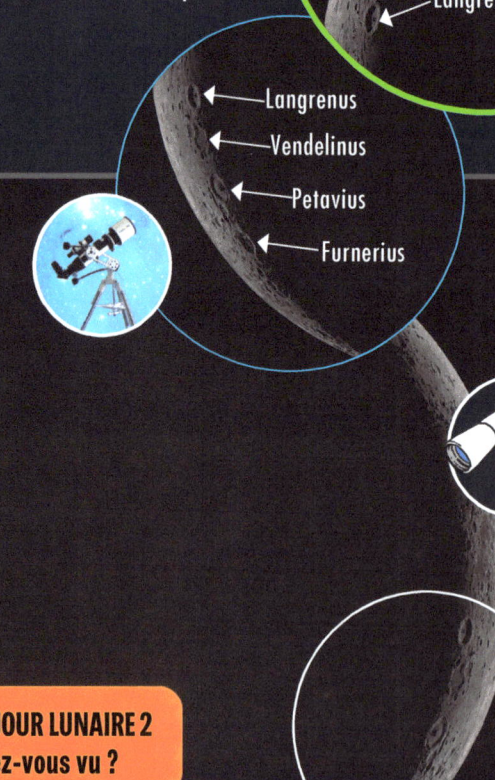

Le vaisseau spatial japonais Hiten qui s'est écrasé en 1993.

VISIBLE JOUR LUNAIRE 2
L'avez-vous vu ?

4 Cleomedes

Juste au nord de la mer des Crises (*Mare Crisium*) se trouve le cratère Cleomedes, large de 125 km. C'est l'un des premiers grands cratères à apparaître peu après la nouvelle Lune. Un examen attentif révèle que ses parois érodées ont été perforées par plusieurs impacts plus jeunes et qu'un petit pic central s'élève du fond du cratère inondé de lave.

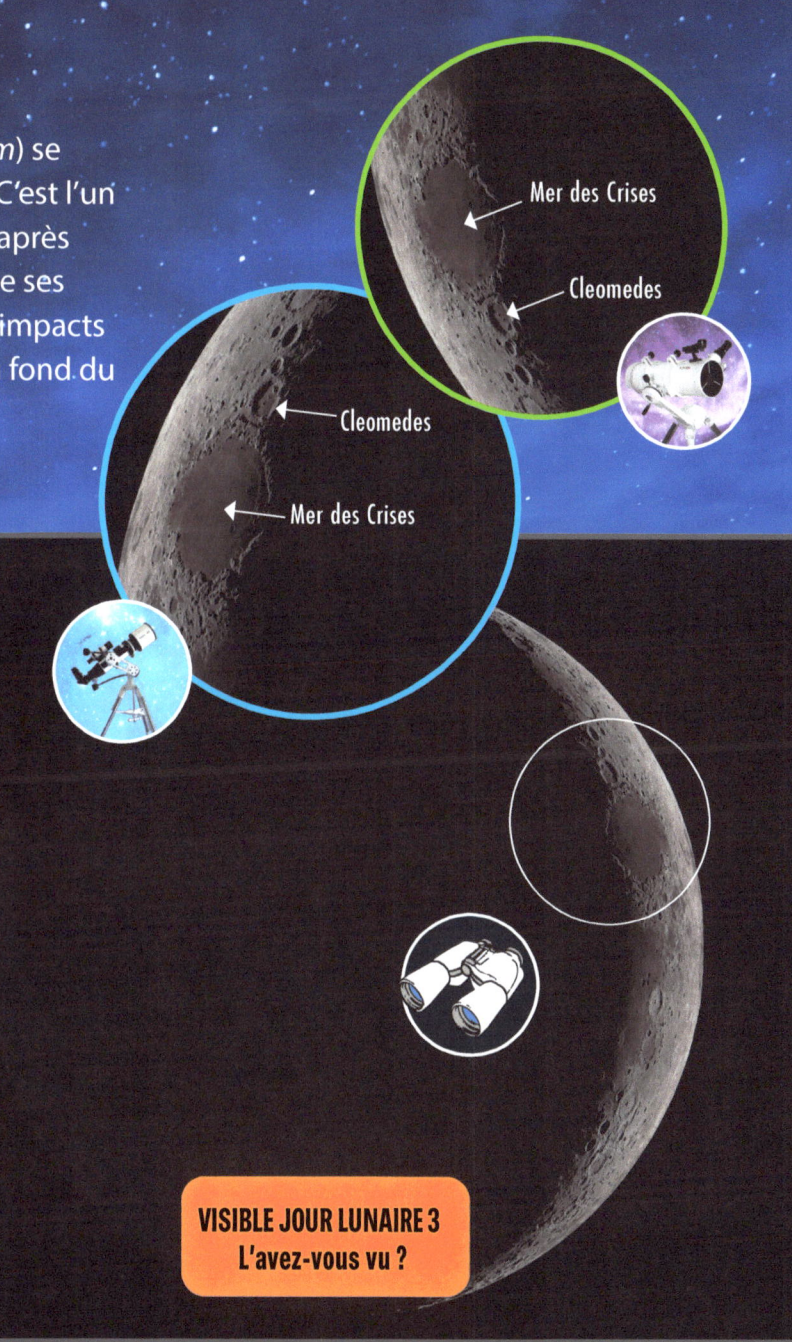

> ## Fait stellaire !
>
> Le cratère Cleomedes doit son nom à un célèbre astronome grec connu pour avoir écrit l'un des premiers livres d'astronomie, antérieur même à l'*Almageste* de Ptolémée (le plus célèbre texte scientifique de l'histoire). Le livre de Cléomède, *Mouvements des objets célestes,* comprend la plus ancienne description de « l'illusion lunaire », soit une illusion d'optique où la pleine Lune semble plus grande (mais ne l'est pas en réalité) quand elle est près de l'horizon.

VISIBLE JOUR LUNAIRE 3
L'avez-vous vu ?

5 Endymion

Le sol d'Endymion est composé d'une roche qui absorbe beaucoup la lumière, rendant ce cratère de 125 km de large assez sombre. Avec un gros télescope, certains astronomes amateurs prétendent pouvoir y discerner une rangée parfaite de trois petits cratères, surnommée le « Triplet d'Endymion ». Ces trois petits cratères (tout de même larges de plusieurs kilomètres) sont clairement visibles sur les photos prises par des vaisseaux spatiaux en orbite.

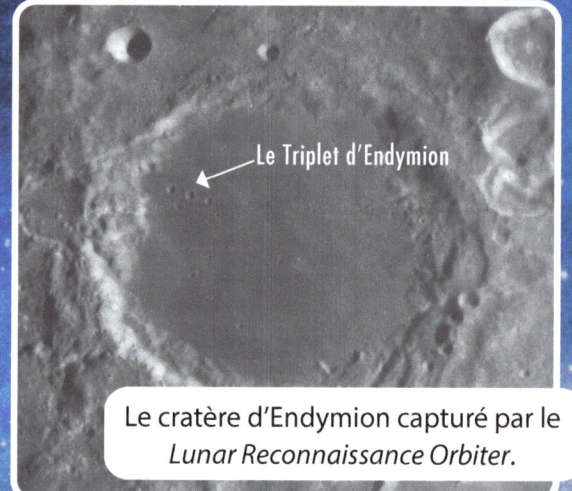

Le cratère d'Endymion capturé par le *Lunar Reconnaissance Orbiter*.

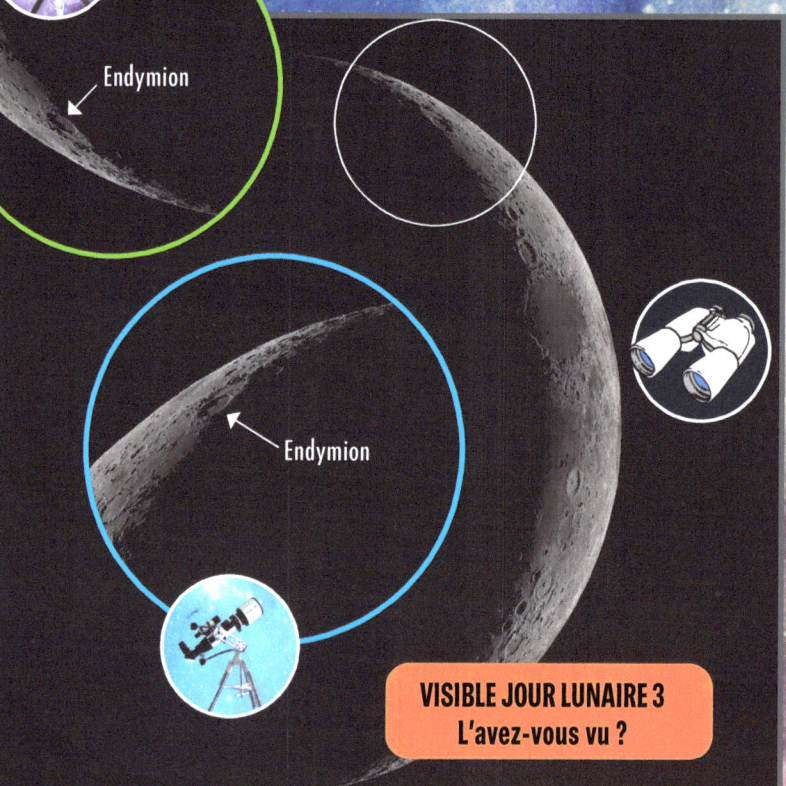

Grossissement

Pour déterminer le grossissement de votre télescope, divisez la distance focale du télescope (habituellement écrite sur le télescope) par la distance focale de l'oculaire (écrite sur l'oculaire). Par exemple, un télescope de 500 mm équipé d'un oculaire de 20 mm donnera un grossissement de 25×.

VISIBLE JOUR LUNAIRE 3
L'avez-vous vu ?

6 Les aiguilles d'horloge

En augmentant le grossissement et en regardant à l'intérieur du cratère Petavius (un membre de la « Bande des quatre » d'une largeur de 177 km), vous découvrirez un trésor fascinant. Une fissure géante s'étend du pic central jusqu'à la position 8 heures sur la paroi du cratère. Du côté nord du pic central, la fissure pointe vers 12 heures. Ces éléments en font un « cratère à sol fracturé », probablement formé par une accumulation de magma sous le cratère qui a forcé le sol à se soulever et se fissurer.

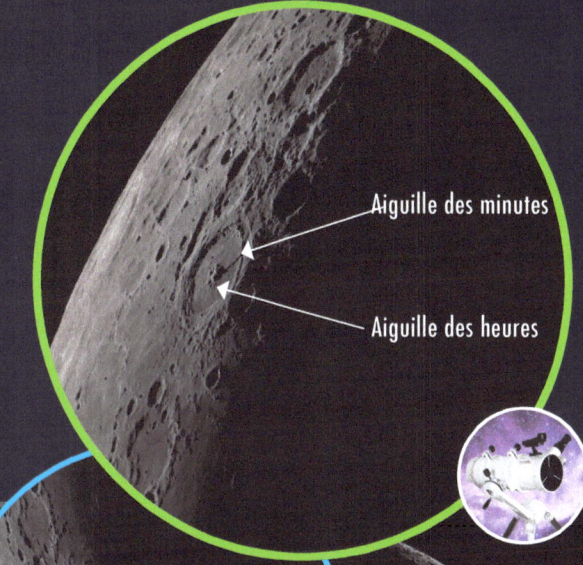

Aiguille des minutes
Aiguille des heures

Aiguille des heures
Aiguille des minutes

Fait stellaire !

Le cratère Petavius doit son nom à Denis Pétau (Dionysius Petavius en latin), un jésuite français du XVIIe siècle, connu pour son travail en chronologie ; l'étude de la séquence des événements historiques (ou mythologiques).

Cet objet nécessite un fort grossissement. Un oculaire avec zoom est un excellent outil pour ce travail.

VISIBLE JOUR LUNAIRE 3
L'avez-vous vu ?

7 Les cratères émoji

En regardant la *Mare Crisium*, vous remarquerez deux cratères qui ressemblent à des yeux à la surface plutôt aride de cette mer lunaire. Pour le plaisir, utilisez la lumière et les ombres des crêtes voisines pour compléter le visage d'un émoji. Les cratères Peirce, large de 18 km, et Picard, large de 23 km, portent le nom de cratères « ératosthéniens », ce qui signifie qu'ils ont été formés par des impacts survenus après la formation de la mer lunaire, à la même époque que le cratère Ératosthène (il y a 1,1 à 3,2 milliards d'années). Dans la *Mare Crisium*, à une centaine de kilomètres à l'est de Picard, l'Union soviétique a fait atterrir deux vaisseaux spatiaux automatiques : Luna 23 (en 1974) et Luna 24 (en 1976). Luna 23 a été endommagé lors de son atterrissage, mais Luna 24 a réussi à ramener un échantillon du sol lunaire sur Terre.

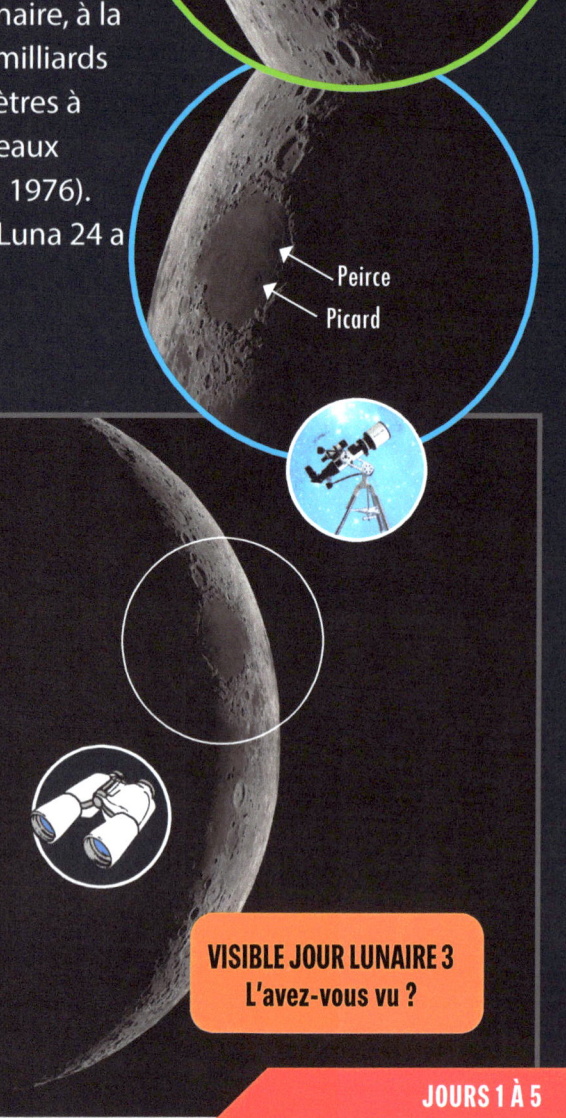

Fait stellaire !

Le cratère Picard doit son nom à l'astronome français Jean-Félix Picard (qui a probablement inspiré le personnage de Jean-Luc Picard dans *Star Trek : La Nouvelle Génération*). Jean Picard, contemporain de sir Isaac Newton, est connu pour avoir développé des moyens de mesure extrêmement précis. Le cratère Peirce doit son nom à Benjamin Peirce, mathématicien et professeur à Harvard, connu en astronomie pour sa contribution à la mécanique céleste.

VISIBLE JOUR LUNAIRE 3
L'avez-vous vu ?

8 Atlas et Hercules : les cratères de Titans

Atlas, d'un diamètre de 87 km, et Hercules, d'un diamètre de 71 km, sont deux cratères situés à une latitude nord élevée. Le fond du cratère Hercules, plus profond d'un kilomètre que celui d'Atlas, est encore couvert d'ombre du troisième au quatrième jour lunaire. En observant Hercules en plein soleil, vous pourrez peut-être observer un petit cratère à l'intérieur du cratère (Hercules G), ainsi qu'un autre sur le bord (Hercule F).

Fait stellaire !

Dans la mythologie grecque, après avoir perdu une grande bataille, le titan Atlas fut condamné par le dieu Zeus à soutenir le ciel. Hercule, fils de Zeus, était un héros connu pour sa grande force.

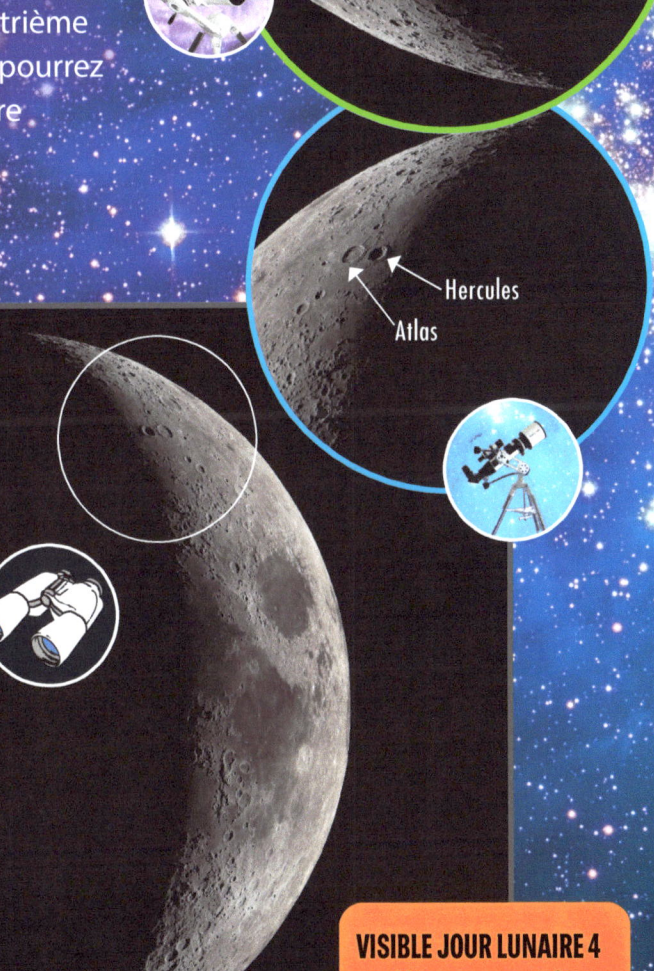

Atlas et Hercule soutiennent la Terre.

VISIBLE JOUR LUNAIRE 4
L'avez-vous vu ?

JOURS 1 À 5

9 Les rayons de Messier

Par rapport à la Terre et la Lune, les météores et les astéroïdes parcourent l'espace à une vitesse étonnante de 250 000 kilomètres par heure ! Si les cratères sont ronds, c'est que l'impact d'une roche à cette vitesse incroyable libère l'énergie d'une bombe atomique. Les petits cratères Messier trouvés près du centre de la *Mare Fecunditatis* ne sont cependant pas ronds ! L'unique roche responsable de ces deux cratères a probablement percuté le sol à un angle incroyablement raide (entre 1 et 5 degrés, d'après des expériences en laboratoire), se brisant au cours du processus. Ces cratères, qui ne mesurent qu'environ 10 km de large, comportent un double rayon de 120 km de long, visible même lors d'une pleine Lune.

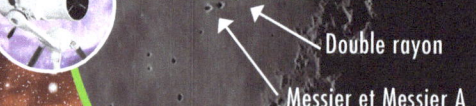
Double rayon Messier et Messier A

Double rayon Messier et Messier A

Fait stellaire !

Ce cratère doit son nom à Charles Messier, un chasseur de comètes français du XVIIIe siècle. Messier a développé une célèbre liste de nébuleuses et d'autres objets du ciel profond.

VISIBLE JOUR LUNAIRE 4
L'avez-vous vu ?

JOURS 1 À 5

10 Le sabot

Pendant le quatrième jour lunaire, une forme étrange surgit des ombres. Le cratère Gutenberg, sur la rive sud-ouest de la *Mare Fecunditatis*, est particulièrement frappant lorsque le terminateur touche la paroi ouest. D'autres auteurs décrivent ce cratère et les structures environnantes comme une pince de homard ou une larme. Pour moi, cette formation ressemble à une chaussure ou un sabot de bois.
Que voyez-vous ?

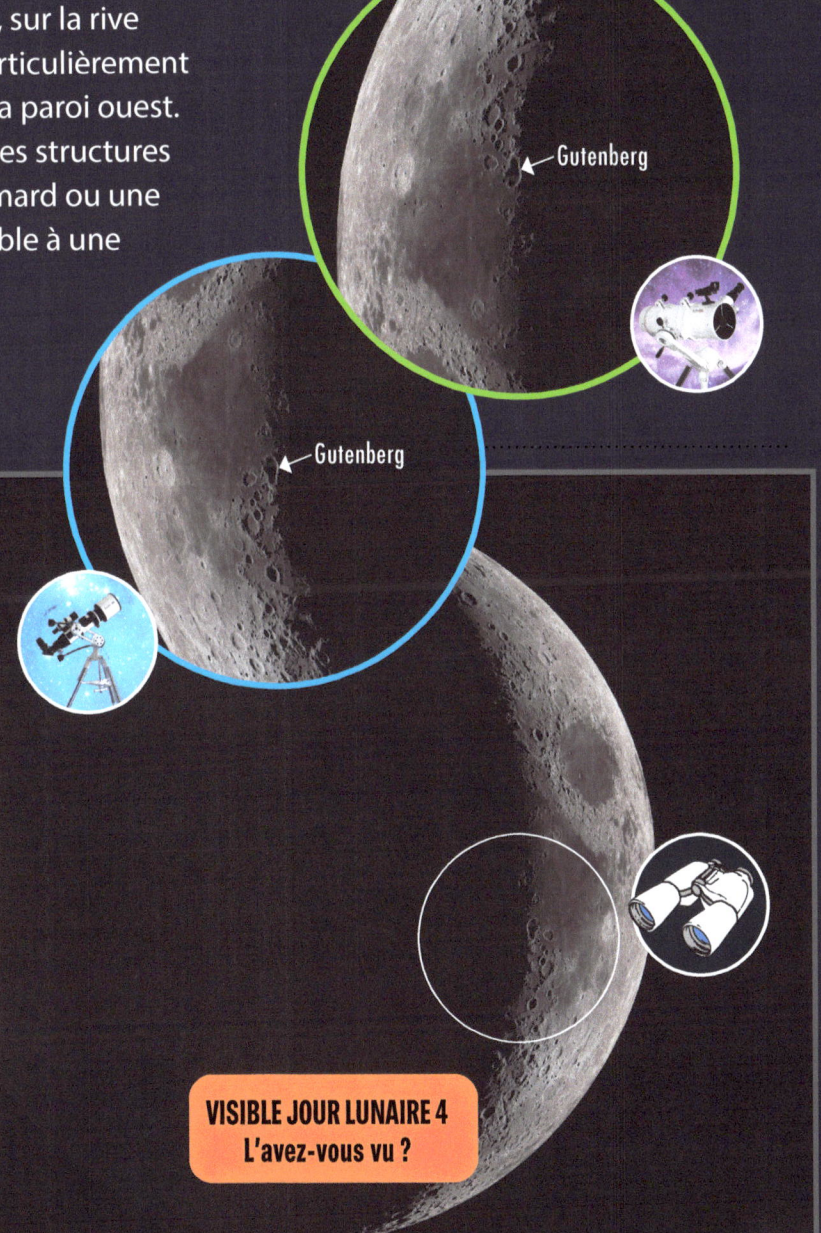

Fait stellaire !

Le cratère Gutenberg doit son nom à Johannes Gutenberg, l'inventeur qui a introduit l'imprimerie en Europe. Ses innovations, qui ont révolutionné la diffusion de l'information, accru l'alphabétisation et jeté les bases de la révolution scientifique, sont à l'origine de l'ère moderne.

VISIBLE JOUR LUNAIRE 4
L'avez-vous vu ?

JOURS 1 À 5

11 Rheita Vallis

Sur le côté sud-ouest de la Lune se trouve une tranchée de 330 km de long. Si vous suivez cette tranchée vers le nord-ouest, vous remarquerez qu'elle pointe vers la *Mare Nectaris*. Il est possible que cette vallée ait été creusée par l'éjection explosive de l'impact d'astéroïde qui a fait cette grande mer lunaire.

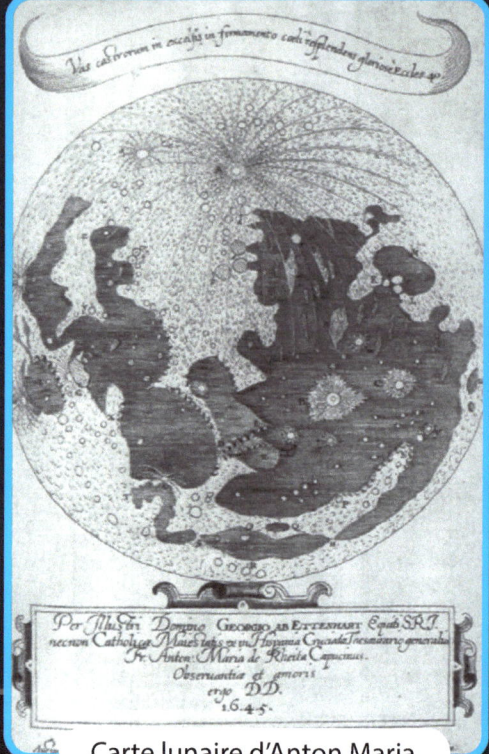

Fait stellaire !

Anton Maria Schyrleus de Rheita était un astronome et concepteur de télescope tchèque. Il est connu pour avoir fabriqué le télescope de Johannes Kepler et dessiné des cartes primitives de la Lune.

Carte lunaire d'Anton Maria Schyrleus de Rheita.

Rheita Vallis

Rheita Vallis

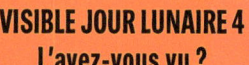

VISIBLE JOUR LUNAIRE 4
L'avez-vous vu ?

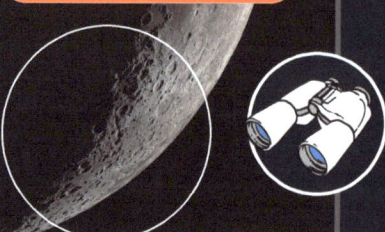

12 Rupes Altai

Rupes Altai est un versant escarpé qui longe sur 480 km la bordure du bassin Nectaris. À l'arrivée de cette cinquième journée lunaire, le flanc de la colline entre dans la lumière du Soleil. La lumière frappe ces pentes abruptes et ces hauts sommets comme un magnifique bras qui s'étend dans l'obscurité. Rupes Altai se termine au cratère Piccolomini. D'une largeur de 88 km, ce cratère proéminent, où se trouve un haut mont central, fait plus de 4 km de profondeur.

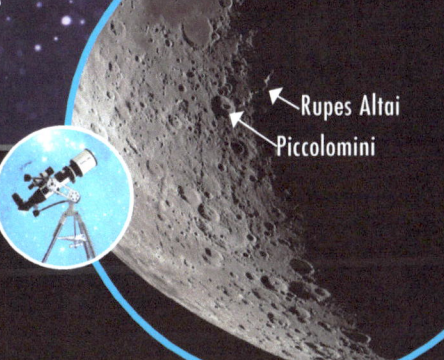

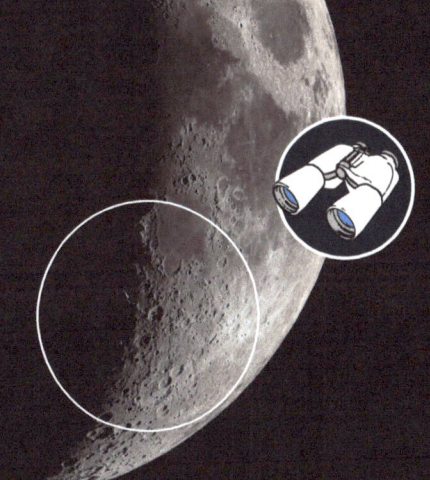

VISIBLE JOUR LUNAIRE 5
L'avez-vous vu ?

Fait stellaire !

Rupes Altai porte le nom des montagnes de l'Altaï, situées en Asie centrale, aux frontières de la Chine, de la Russie, de la Mongolie et du Kazakhstan. En mongol, Altaï signifie « montagnes d'or ». Le cratère Piccolomini porte le nom d'Alessandro Piccolomini, astronome et écrivain italien du XVIe siècle connu pour avoir produit le premier atlas des étoiles, *De le stelle fisse* (Sur les étoiles fixes).

JOURS 1 À 5

13 Les monts Taurus

Les monts Taurus s'étendent entre les mers lunaires de la Sérénité et des Crises. Une branche de la chaîne de montagnes s'avance entre les mers de la Sérénité et de la Tranquillité. Cette péninsule contient la vallée Taurus-Littrow, site d'atterrissage d'Apollo 17. Ne vous attendez cependant pas à voir un rover lunaire avec votre télescope. Le plus petit détail visible avec un télescope fait la taille de l'île de Manhattan, à New York !

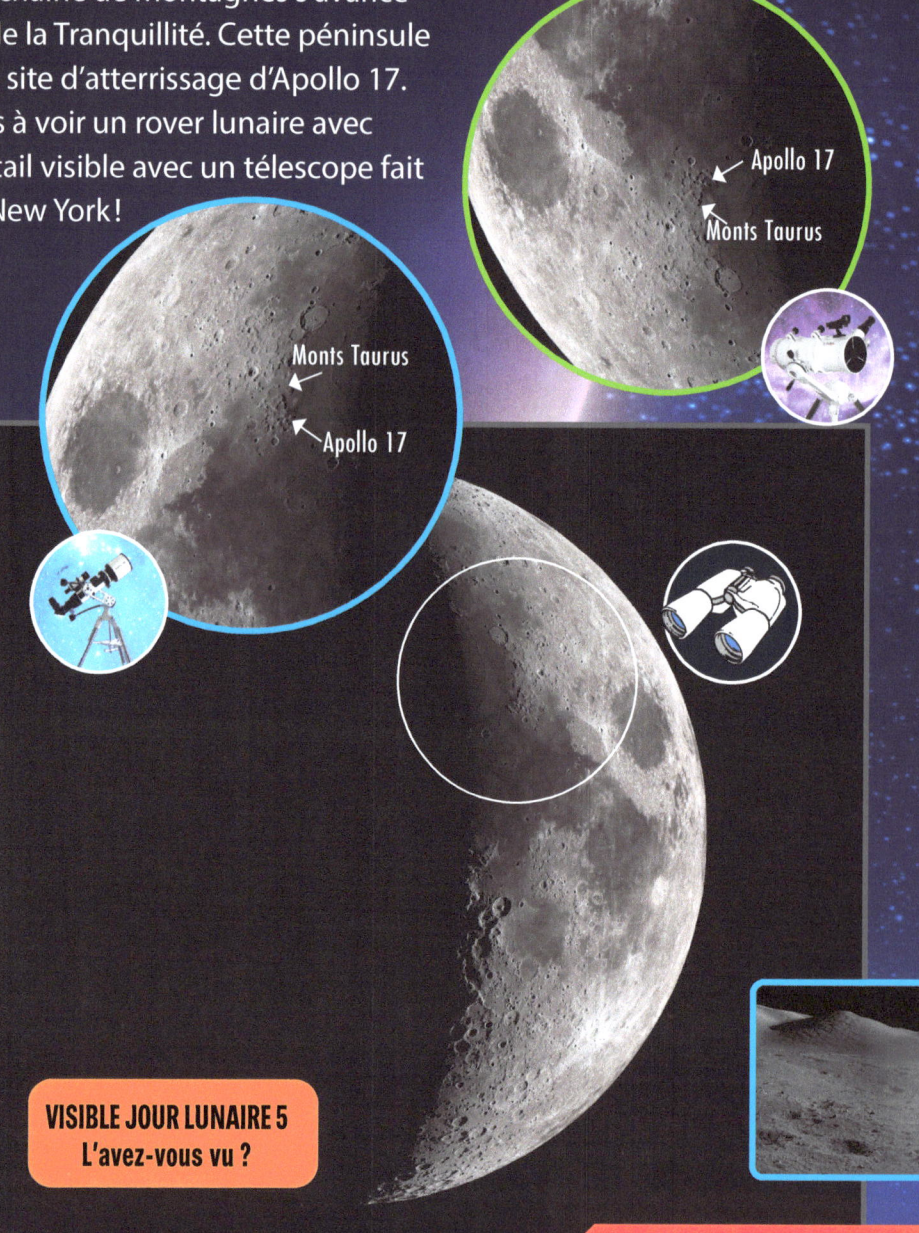

Fait stellaire !

Une petite vallée dans les monts Taurus, appelée Taurus-Littrow, a été, en 1972, le lieu d'atterrissage d'Apollo 17, la mission humaine sur la Lune la plus récente (en date de 2018). Au cours de leurs trois jours sur la Lune, Eugene Cernan et Harrison Schmitt (un géologue) ont parcouru une distance de près de 40 km dans le rover lunaire, mené plusieurs expériences scientifiques et recueilli des centaines de kilogrammes d'échantillons de roches et de sol.

VISIBLE JOUR LUNAIRE 5
L'avez-vous vu ?

JOURS 1 À 5

L'astronaute Harrison Schmitt se tient à côté d'un rocher géant.

L'astronaute Gene Cernan prend cette photo de Harrison Schmitt et du rover lunaire, près d'un cratère nommé « Shorty ».

L'astronaute Gene Cernan dans le rover lunaire.

JOURS 1 À 5

14 Le cratère du coquillage

Ce cratère de 95 km de diamètre, qui ressemble presque à un coquillage, est un cratère fantastique à observer avec un fort grossissement. En regardant de près, vous devriez voir un petit cratère dans le cratère. Avec un plus gros télescope et d'excellentes conditions d'observation, vous pourriez distinguer plusieurs autres éléments intéressants, comme des fissures et de petites montagnes.

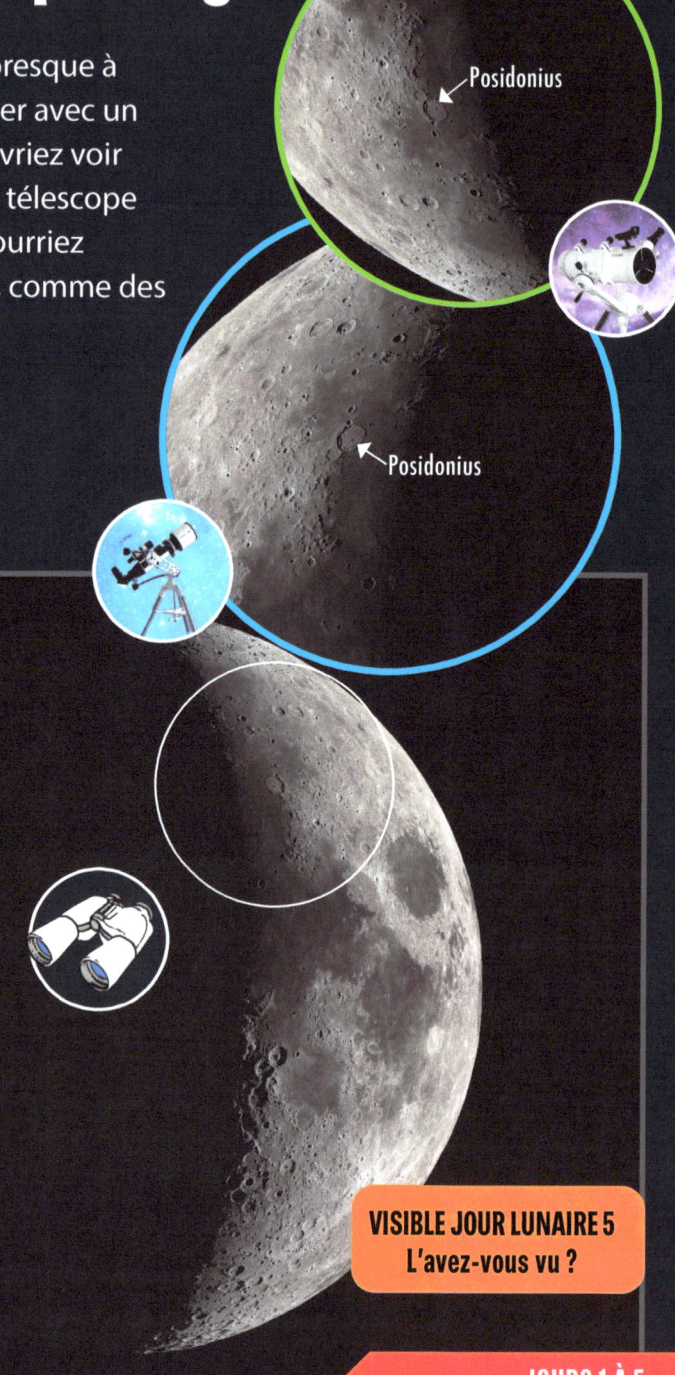

Posidonius

Posidonius

Fait stellaire !

Posidonius est un philosophe romain né au IIe siècle avant l'ère commune. Il était polymathe, c'est-à-dire expert dans de nombreux domaines. Ses écrits sur la Lune établissent un lien entre le cycle lunaire et les marées. Il a également calculé la distance de la Lune et du rayon de la Terre, arrivant à des résultats près des valeurs actuellement acceptées.

VISIBLE JOUR LUNAIRE 5
L'avez-vous vu ?

15 La crête serpentine

La crête serpentine est une ride prononcée de 365 km qui traverse du nord au sud la mer de la Sérénité. Si vous regardez de près, vous verrez que cette crête fait partie d'un anneau de crêtes qui s'étend sur plusieurs centaines de kilomètres et encercle l'intérieur du bassin.

Crête serpentine

Crête serpentine

VISIBLE JOUR LUNAIRE 5
L'avez-vous vu ?

Fait stellaire !

Les crêtes sur la Lune portent généralement des noms de géologue et la crête serpentine fait techniquement partie de la dorsale lunaire Dorsa Smirnov. Cependant, les cartes lunaires ont tendance à utiliser « crête serpentine », plutôt que son nom géologique. C'est probablement parce que ce nom convient davantage à la dorsale la plus importante de la Lune, qui ressemble à un long serpent.

JOURS 1 À 5

Jours 6 à 8
Approche du premier quartier

Jour 6

Jour 7

Jour 8

16 Les cratères des haltères

Formée par les cratères Catharina (99 km de large) et Cyrillus (98 km de large), cette intéressante formation ressemble à un haltère d'entraînement. Un troisième cratère, Theophilus (99 km de large), qui borde la paroi nord-est de Cyrillus, est reconnaissable par son pic central massif. Une caractéristique similaire apparaît dans l'espace lointain : la nébuleuse de l'Haltère (alias M27), située près de la Croix du Nord, est une cible de choix pour les astronomes débutants.

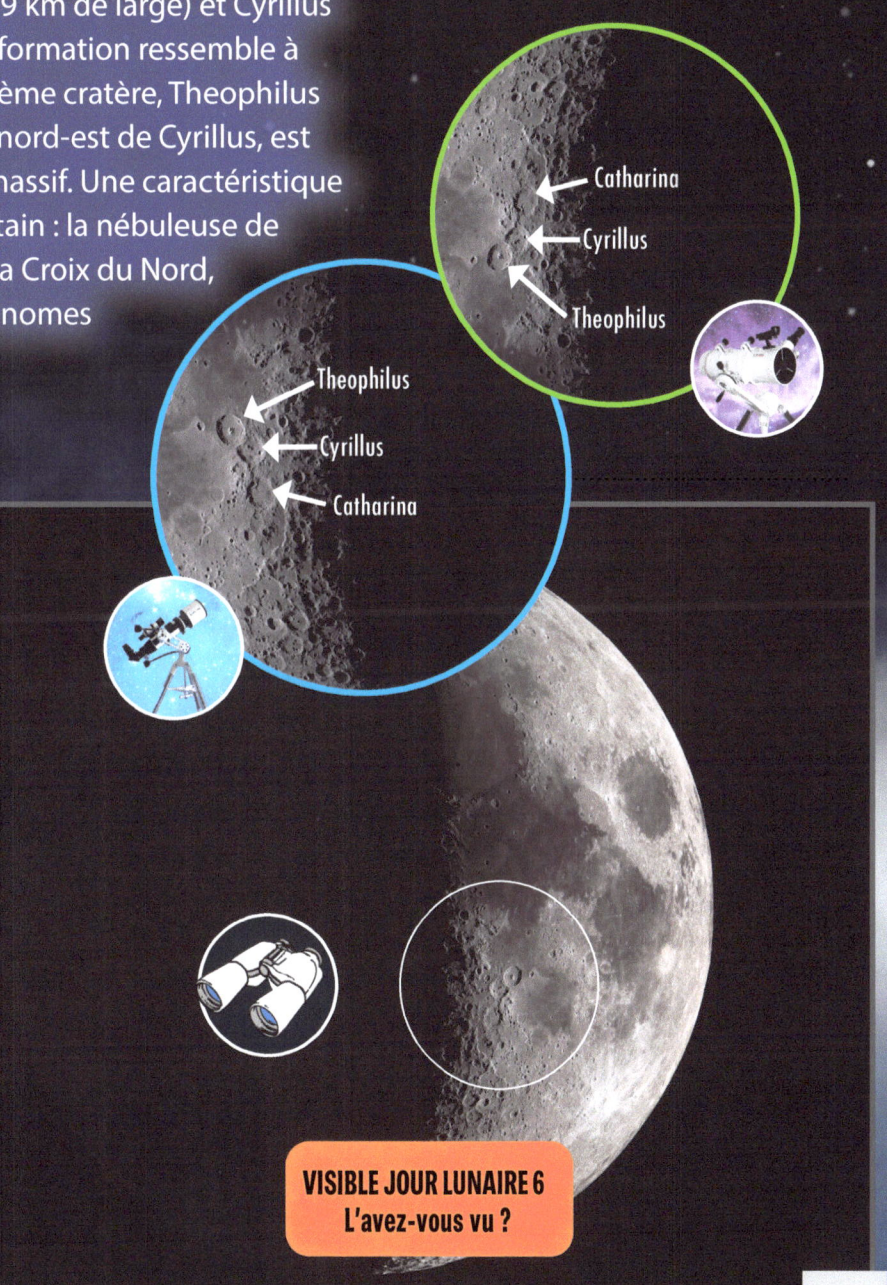

Fait stellaire !

Catharina doit son nom à Catherine d'Alexandrie, une sainte et une martyre catholique romaine. Toutefois, les chercheurs modernes considèrent que la légende de Catherine est basée sur la vie d'Hypatie, une astronome et la première femme mathématicienne connue. Cyrillus doit son nom à saint Cyrille d'Alexandrie, théologien connu pour ses traductions. Théophile était un pape alexandrin connu pour avoir détruit de nombreux temples et artefacts païens.

VISIBLE JOUR LUNAIRE 6
L'avez-vous vu ?

JOURS 6 À 8

17 L pour le LEM (Apollo 11)

Le 12 septembre 1962, le président Kennedy prononça son célèbre discours surnommé « Nous choisissons d'aller sur la Lune ». Le 20 juillet 1969, Neil Armstrong et Buzz Aldrin ont posé le module lunaire (LEM) sur la mer de la Tranquillité, tandis que le pilote du module de commandement, Michael Collins, orbitait autour de la Lune. La mission Apollo 11 était la troisième mission à cet endroit précis, mais la première avec équipage. En 1965, le vaisseau spatial Ranger 5 s'est intentionnellement écrasé à quelques dizaines de kilomètres du site d'Apollo 11. Deux ans plus tard, en 1967, le vaisseau spatial automatique Surveyor 5 a atterri à proximité, prenant près de 20 000 images, utilisées en partie pour planifier la mission humaine.

Image d'une sonde Surveyor.

Image d'une sonde Ranger de la NASA.

Fait stellaire !

Pour trouver le site d'atterrissage, faites un « L », comme indiqué, entre les cratères Arago, Ritter et Sabine. Le bas du L pointe vers l'emplacement (dans un rayon de 90 km) de ces trois missions. Rappelez-vous qu'aucun vaisseau spatial ne sera visible. Les plus petits détails visibles de la Terre sont à peu près de la taille de Manhattan.

VISIBLE JOUR LUNAIRE 6
L'avez-vous vu ?

JOURS 6 À 8

Image du module lunaire Apollo (prise depuis le module de commande) à son retour de la surface lunaire.

L'équipage d'Apollo 11 : de gauche à droite, Neil Armstrong, Michael Collins et Edwin (Buzz) Aldrin Jr.

Cette image, prise par Armstrong, montre Buzz Aldrin avec le module lunaire.

La fusée Saturn V d'Apollo 11 quitte l'aire de lancement.

18 L'arc de l'archer

À environ 80 km à l'est du V lunaire (voir page 41) se trouve le canal Rima Hyginus. Avec un peu de recherche, cette rainure, formée par l'effondrement d'un tunnel de lave, est visible à travers presque tous les petits télescopes. Les photographies prises à bord de vaisseaux spatiaux en orbite montrent plusieurs cratères à l'intérieur du canal. Ces cratères, qui ne sont pas des cratères d'impact, sont probablement d'origine volcanique.

Rima Hyginus prise depuis le *Lunar Reconnaissance Orbiter.*

Rima Hyginus

Rima Hyginus

Fait stellaire !

Cette rainure et ce cratère central doivent leur nom à Gaius Julius Hyginus, un auteur et érudit romain du Ier siècle. Malheureusement, aucune de ses œuvres n'a survécu jusqu'à notre époque.

VISIBLE JOUR LUNAIRE 7
L'avez-vous vu ?

JOURS 6 À 8

19 Les cratères des roues de bicyclette

Les cratères Aristoteles (88 km de large) et Eudoxus (70 km de large) projettent des ombres profondes sur leurs fonds à l'approche du terminateur. Vus de profil, ces cratères voisins, ainsi que la chaîne de montagnes incurvée à l'ouest, ressemblent presque à un cycliste qui fait du vélo, avec un chien (ou un ours) à l'arrière.

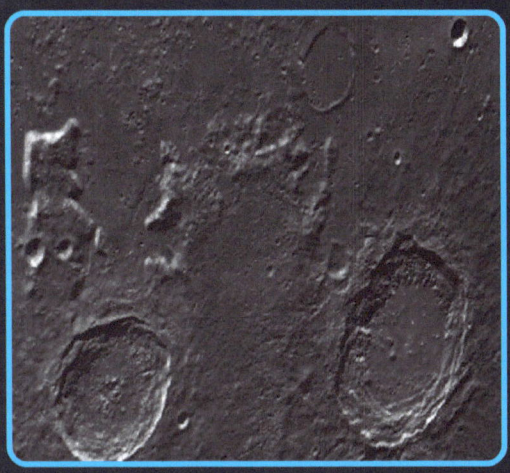

Fait stellaire !

Le cratère Aristoteles porte le nom du célèbre philosophe grec Aristote (né en 384 AÈC). Eudoxus a été nommé d'après Eudoxe de Cnide (né en 400 AÈC), un astronome grec connu pour ses modèles géométriques expliquant le mouvement du Soleil, de la Lune, des étoiles et des planètes.

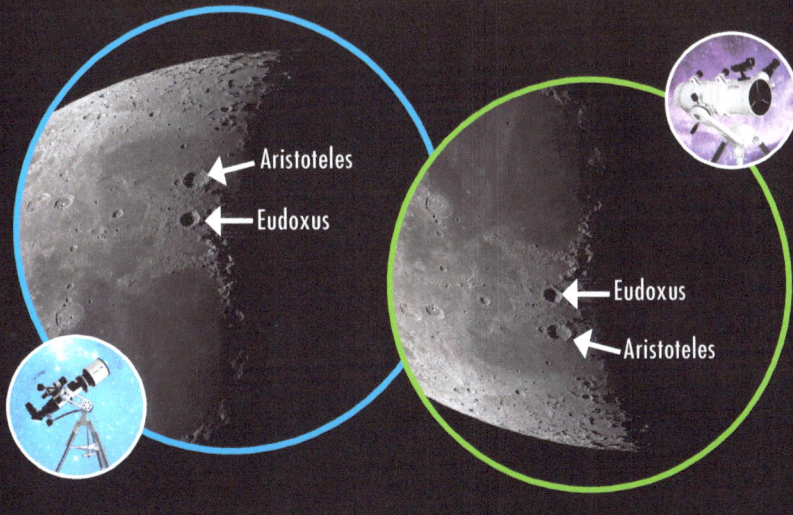

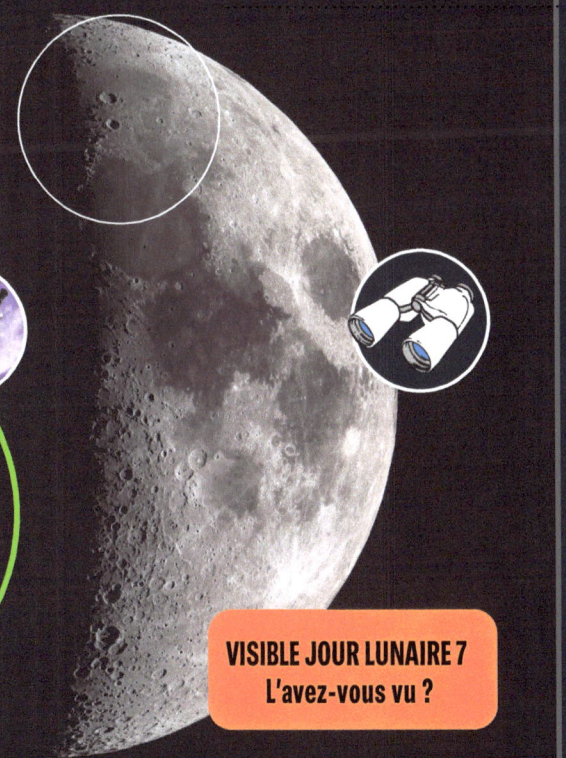

VISIBLE JOUR LUNAIRE 7
L'avez-vous vu ?

JOURS 6 À 8

20 Le X lunaire

Le X lunaire, parfois appelé X de Werner, est une cible charmante, mais visible seulement à un moment précis. Le motif en X apparaît et disparaît sur une période d'environ quatre heures pendant la phase du premier quartier du cycle lunaire, et n'est visible que si la Lune est visible de votre position à ce moment. Le X n'est ni une montagne ni un cratère, mais un collage de lumières et d'ombres sur les crêtes de trois cratères distincts. Quelle est la meilleure stratégie pour voir le X ? Observez simplement la Lune aussi souvent que possible pendant le premier quartier et vous verrez forcément le X après quelques tentatives.

Les forums d'astronomie en ligne tels que *Cloudy Nights* affichent parfois les horaires du X lunaire en début d'année.

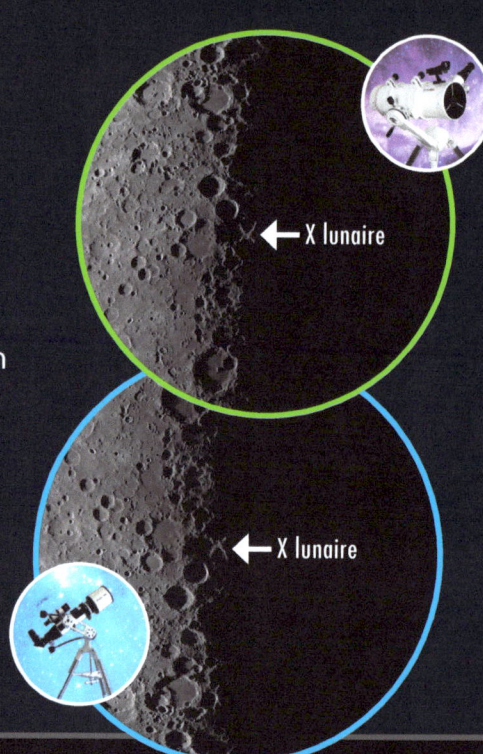

← X lunaire

← X lunaire

Fait stellaire !

Le cratère Werner porte le nom du mathématicien allemand Johannes Werner. Les travaux approfondis de Werner sur la trigonométrie sphérique, un domaine des mathématiques, sont utilisés par les étudiants de première et deuxième année d'astronomie qui apprennent à parcourir la **sphère céleste**.

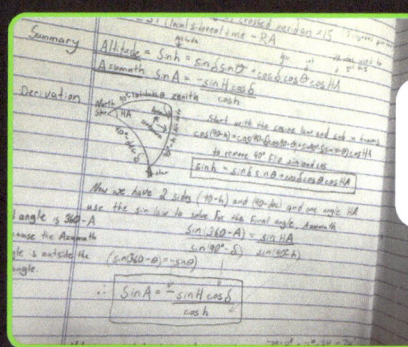

Notes de l'auteur d'un cours d'astrophysique de deuxième année.

VISIBLE JOUR LUNAIRE 7
L'avez-vous vu ?

JOURS 6 À 8

21 Le V lunaire

Le V lunaire apparaît exactement au même moment que le X lunaire, mais reste visible un peu plus longtemps. Par contre, plus il s'éloigne du terminateur, plus il se fond dans le paysage. En regardant une carte lunaire, ou même des photos prises depuis des vaisseaux spatiaux en orbite, le V est à peine perceptible. Ce n'est que lorsque la lumière frappe le sommet des montagnes à un angle faible que la forme devient vraiment visible.

Gros plan du V lunaire pris depuis le *Lunar Reconnaissance Orbiter*.

← V lunaire

← V lunaire

Fait stellaire !

Le V pointe dans la direction d'une sonde automatique de 1967 nommée Surveyor 6. Ce vaisseau spatial, qui a atterri à *Sinus Medii* (Baie centrale), est entré dans l'histoire en tant que premier vaisseau spatial à redémarrer son moteur à la surface lunaire. Au cours d'un vol très court, la sonde a voyagé à une hauteur d'environ 4 m, s'est posée, puis a repris son fonctionnement.

VISIBLE JOUR LUNAIRE 7
L'avez-vous vu ?

JOURS 6 À 8

22 Les cratères de la ligne centrale

Ptolemaeus, Alphonsus et Arzachel, faisant respectivement 153 km, 119 km et 97 km de large, forment un trio de cratères qui trace un arc autour du méridien principal (la ligne centrale sur une carte lunaire) de la Lune. Bien qu'Alphonsus et Arzachel possèdent des pics centraux élevés, le fond de Ptolemaeus est étonnamment lisse. Le cratère Alphonsus est l'emplacement des restes d'une sonde automatique de 1965 appelée Ranger 9. Ce vaisseau spatial, conçu pour s'écraser sur la Lune, était équipé de caméras qui retransmettaient en direct sur Terre les images de sa descente vers le fond du cratère.

← Arzachel
← Alphonsus
← Ptolemaeus

← Ptolemaeus
← Alphonsus
← Arzachel

VISIBLE JOUR LUNAIRE 8
L'avez-vous vu ?

Fait stellaire !

Vu de la Terre, le cratère Ptolemaeus semble se trouver presque au centre exact de la Lune. Ce cratère porte à juste titre le nom de Claudius Ptolémée, dont le livre l'*Almageste*, écrit il y a près de 1900 ans, place une Terre sphérique au centre de l'univers. Ce livre restera largement incontesté jusqu'à la révolution copernicienne, 1400 ans plus tard.

23 Les monts Apennins

Les monts Apennins (aussi connus sous le nom de *Montes Apenninus*) font partie de la paroi de la mer des Pluies (*Mare Imbrium*). Avec environ 600 km de long, c'est la plus grande chaîne de montagnes de la Lune. Certains sommets atteignent une hauteur de plus de 5 km (à titre de comparaison, le mont Everest a presque 9 km d'altitude). Ces monts se sont formés il y a près de 4 milliards d'années, lors de l'impact qui a formé le bassin Imbrium.

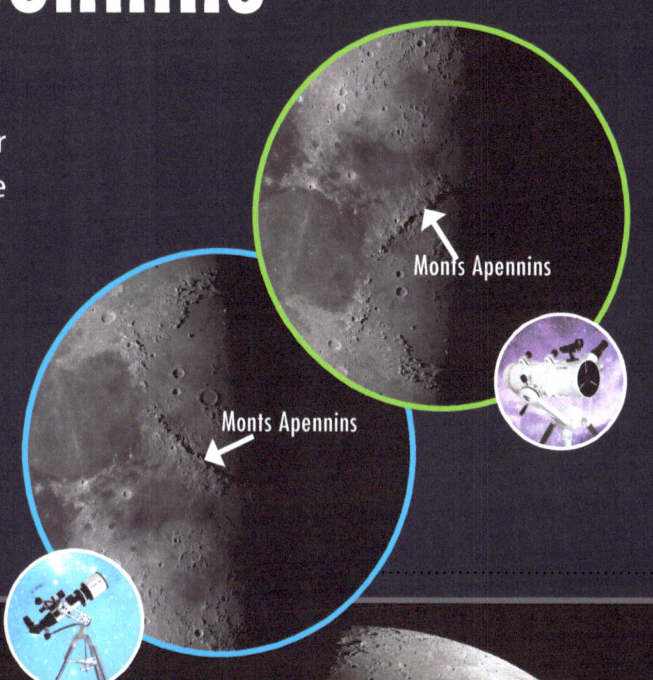

Fait stellaire !

Les monts Apennins portent le nom des Apennins qui traversent le centre de l'Italie.

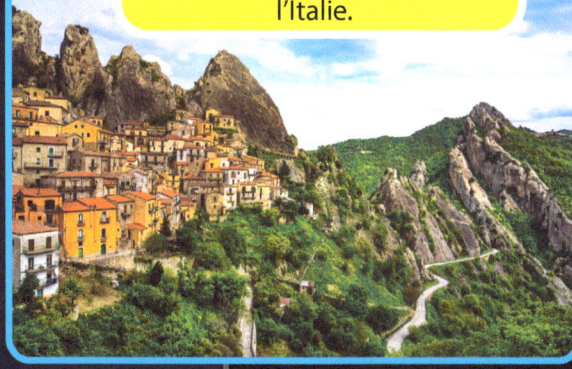

VISIBLE JOUR LUNAIRE 8
L'avez-vous vu ?

JOURS 6 À 8

24 Rima Hadley

Au cours de l'été 1971, Rima Hadley était un endroit bien connu de la population terrestre, puisque Apollo 15 s'y est posé tout près. Cette rainure est un sillon de 130 km de long, probablement formé par un tunnel de lave effondré. Faisant plus d'un kilomètre de largeur, la rainure Hadley est l'objet le plus difficile de ce livre. Le sillon est presque à la limite de la visibilité des télescopes terrestres, mais dans un ciel dégagé, avec un bon télescope et un fort grossissement, Rima Hadley apparaîtra comme une ligne sinueuse dans les monts Apennins. Pour la trouver, utilisez les cratères Aristillus et Autolycus, dans la *Mare Imbrium,* puis suivez une ligne imaginaire jusqu'aux monts.

Fait stellaire !

Rima Hadley, ainsi que le mont voisin, *Mons Hadley,* portent le nom du mathématicien et inventeur anglais John Hadley. Hadley a créé, entre autres, des améliorations dans la conception des télescopes et, avec l'inventeur Thomas Godfrey, l'octant, un instrument de navigation céleste qui a précédé le sextant.

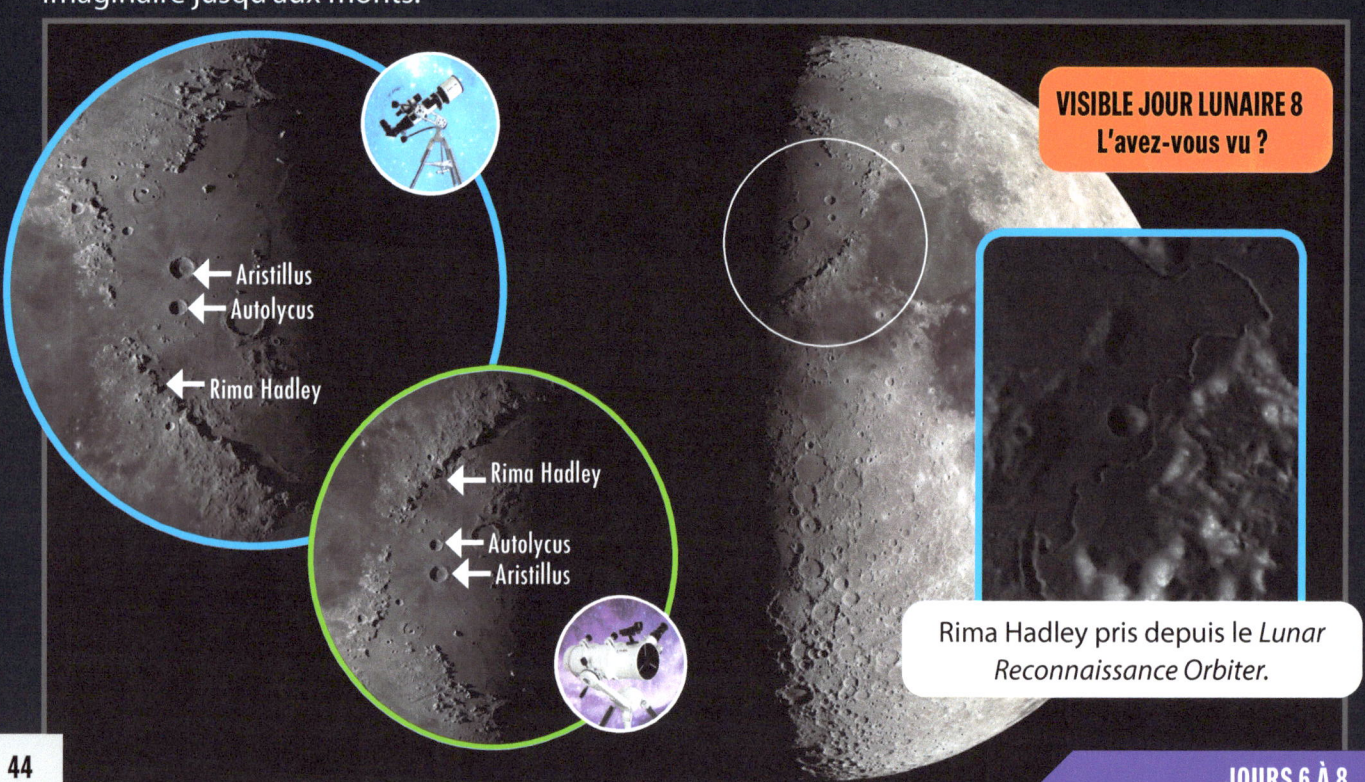

VISIBLE JOUR LUNAIRE 8
L'avez-vous vu ?

Rima Hadley pris depuis le *Lunar Reconnaissance Orbiter.*

JOURS 6 À 8

Apollo 15

Cette photo, prise par l'astronaute Jim Irwin, montre Dave Scott travaillant avec le rover lunaire près de Rima Hadley.

L'astronaute Dave Scott préparant des expériences.

Apollo 15 sur l'aire de lancement.

25 Montes Alpes

Montes Alpes forme le bord nord-est de la mer des Pluies (*Mare Imbrium*) et la limite sud de la mer du Froid (*Mare Frigoris*). Ces monts contiennent plusieurs cibles lunaires importantes, dont Vallis Alpes et le cratère Plato. Elles sont particulièrement intéressantes à voir pendant le premier quartier, quand la moitié de la chaîne de montagnes arrive le long du terminateur, maximisant ainsi les ombres et les contrastes.

Fait stellaire !

Montes Alpes porte le nom des Alpes en Europe. Les Alpes européennes tracent un arc au-dessus de l'Italie et de la Méditerranée, presque de la même manière que les Alpes lunaires s'étendent au-dessus de la mer des Pluies (*Mare Imbrium*).

VISIBLE JOUR LUNAIRE 8
L'avez-vous vu ?

JOURS 6 À 8

26 Vallis Alpes

Vallis Alpes est ma cible lunaire préférée. Elle ressemble à une épée géante qui transperce Montes Alpes. La vallée atteint jusqu'à 10 km de large et s'étend sur plus de 150 km de long.

Fait stellaire !

J'ai toujours imaginé qu'un astéroïde s'étant fracassé dans les montagnes avait formé cette vallée. Or, ce n'est pas le cas. La vallée a probablement été formée par deux failles, une de part et d'autre de la vallée. En géologie, une vallée entre deux failles s'appelle un « graben ». En Amérique du Nord, le graben le plus célèbre est responsable du lac Tahoe, une destination touristique populaire en Californie. L'Europe possède également un graben impressionnant : la vallée du Rhin.

VISIBLE JOUR LUNAIRE 8
L'avez-vous vu ?

27 Le cratère Archimedes

Archimedes est un cratère de 83 km de large dont le fond est entièrement inondé de lave durcie. Un groupe de montagnes du même nom, à peine plus grand que le cratère lui-même, se trouve immédiatement au sud-ouest.

Fait stellaire !

Ce cratère porte le nom du mathématicien grec connu pour avoir découvert les principes de la flottabilité qui ont conduit au principe d'équilibre hydrostatique (lorsque la pression extérieure d'un gaz ou d'un liquide est en équilibre avec la gravité). Bien que sa découverte porte principalement sur des objets en suspension dans un liquide, l'équilibre hydrostatique est fondamental aux astrophysiciens qui cherchent à comprendre les propriétés de l'intérieur des étoiles.

VISIBLE JOUR LUNAIRE 8
L'avez-vous vu ?

JOURS 6 À 8

28 Le Mur droit

Le Mur droit est l'une des cibles les plus populaires des observateurs lunaires. Elle est très prononcée au huitième jour lunaire, lorsqu'elle se trouve à moins de quelques centaines de kilomètres du terminateur. Ce « mur » est plutôt une pente douce qui ne dépasse pas 300 m de haut. C'est l'ombre de cette faille de 110 km de long qui la fait paraître si prononcée.

Pendant les phases décroissantes, la lumière du soleil frappe l'autre côté de la paroi, c'est donc la face éclairée, et non plus ombragée, de la falaise qui est visible.

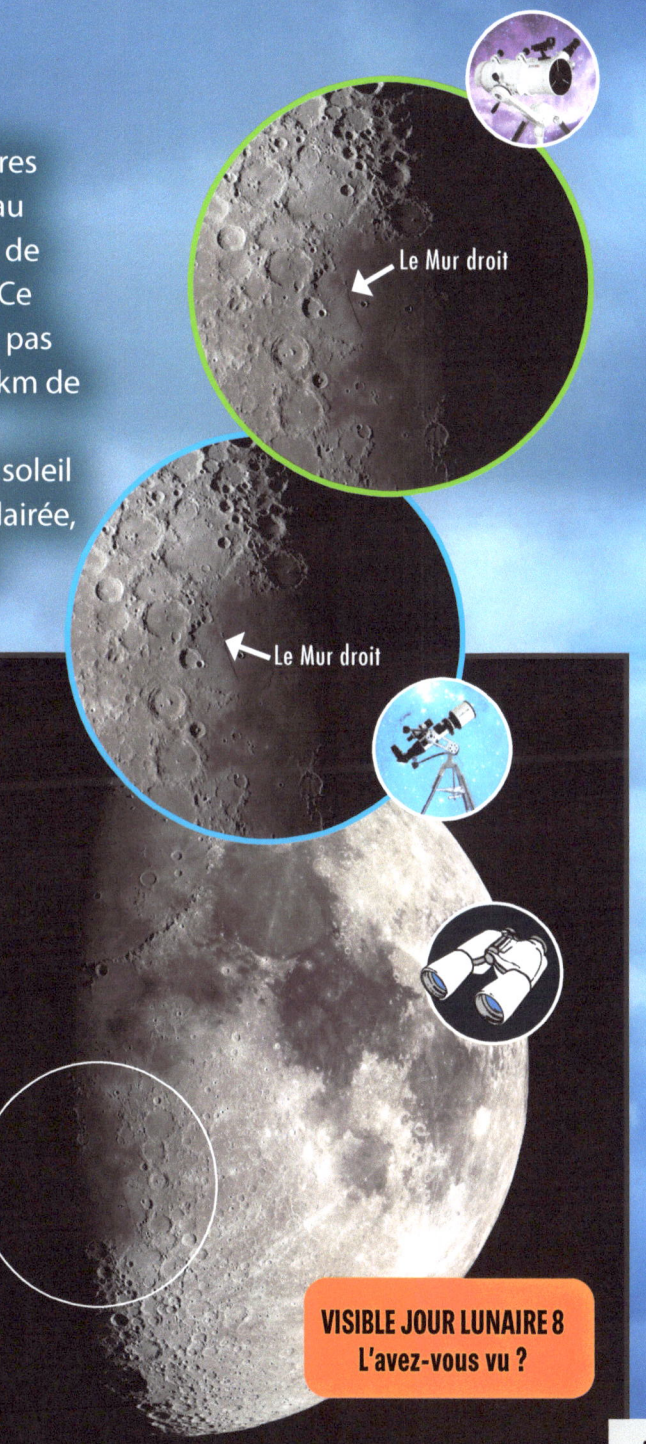

← Le Mur droit

← Le Mur droit

Fait stellaire !

Le Mur droit porte officiellement le nom de *Rupes Recta*. À son côté, le petit cratère de 17 km de large s'appelle « Birt », dont la paroi est voisine de « Birt A », d'une largeur de 7 km. Birt doit son nom à l'astronome du XIXe siècle William Radcliffe Birt, un collègue du célèbre astronome William Herschel.

VISIBLE JOUR LUNAIRE 8
L'avez-vous vu ?

JOURS 6 À 8

Jours 9 à 13
Phase gibbeuse croissante

29 Le cratère du fromage suisse

Avec 225 km de diamètre, Clavius est le troisième plus grand cratère du côté terrestre de la Lune. Comme tous les grands cratères, il contient plusieurs petits cratères dont la configuration est assez frappante. À partir de l'est, la taille des cratères diminue en suivant une trajectoire qui arque vers l'ouest. Les amateurs de science-fiction se souviendront peut-être de ce cratère : dans le film *2001, l'Odyssée de l'espace*, c'est là que se trouve l'installation administrative lunaire.

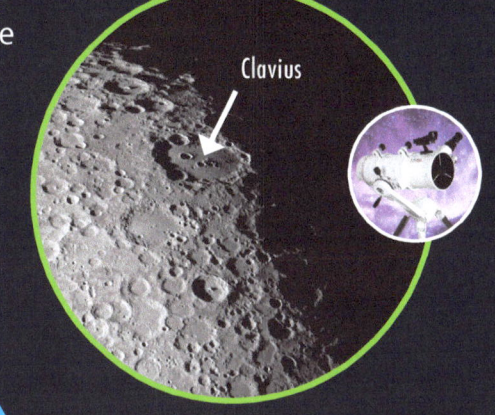

Fait stellaire !

Le cratère Clavius porte le nom de Christopher Clavius, un astronome et mathématicien allemand. Clavicus, qui a utilisé des télescopes juste après leur invention, s'est émerveillé du nombre d'étoiles qu'ils révélaient. Il a observé les satellites de Jupiter et commenté les anneaux de Saturne, qu'il croyait être (en raison d'une mauvaise optique) des étoiles attachées aux côtés gauche et droit de la planète.

VISIBLE JOUR LUNAIRE 9
L'avez-vous vu ?

30 Le cratère Plato

Nichée dans Montes Alpes, Plato est un impressionnant cratère de 101 km de diamètre. La particularité de Plato est que son fond est sombre et monotone — seuls quelques petits cratères sont visibles avec un fort grossissement. Regardez bien et vous verrez une formation triangulaire sur la paroi ouest. C'est une section de la paroi du cratère qui s'est détachée, avant de glisser vers l'intérieur. En géologie, ce type de formation s'appelle un « massif ».

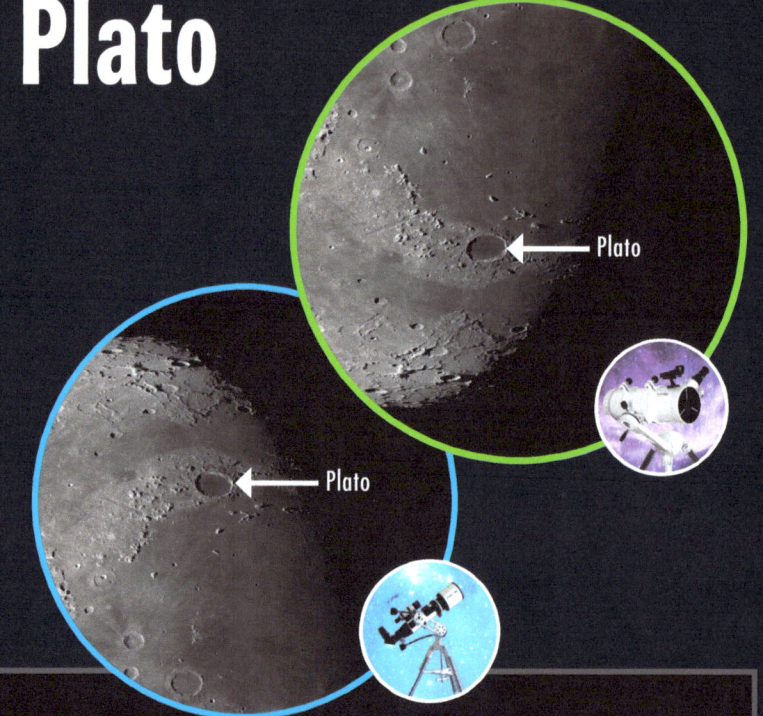

Fait stellaire !

Ce cratère porte le nom du célèbre philosophe grec Platon, qui vécut il y a environ 2 400 ans. L'œuvre de Platon, ainsi que celle de son maître Socrate et de son élève Aristote, a entamé le processus que nous connaissons maintenant sous le nom de science. Platon a établi une école appelée l'Académie, qui forme aujourd'hui la base du terme « académique ».

VISIBLE JOUR LUNAIRE 9
L'avez-vous vu ?

JOURS 9 À 13

31 Le cratère du bibliothécaire

À l'extrémité sud des monts Apennins se trouve ce profond cratère de 59 km de diamètre. Le fond de ce cratère de plus de 3,5 km de profondeur reste dans l'ombre pendant un certain temps après le passage du terminateur, vers le huitième jour lunaire. Au neuvième jour, une fois que le cratère baigne complètement dans la lumière du soleil, vous verrez un pic central proéminent et des parois en terrasse.

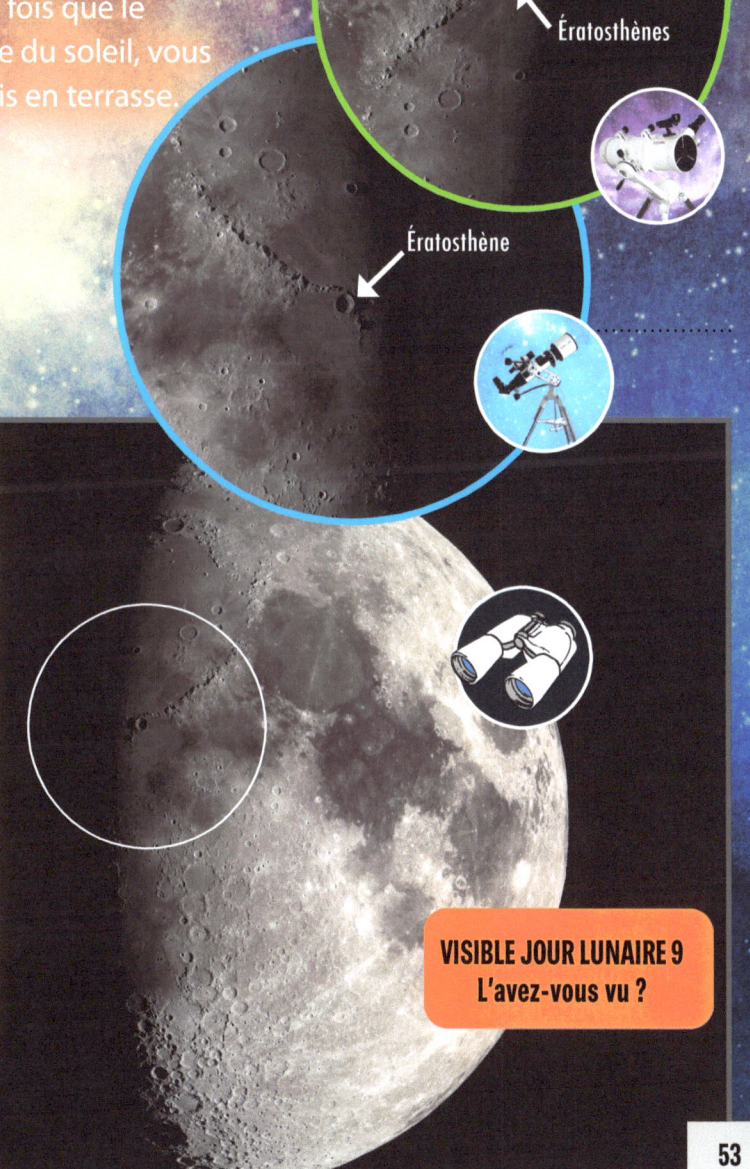

Ératosthènes

Ératosthène

Fait stellaire !

Ératosthène porte le nom du premier mathématicien et astronome grec qui a déterminé la circonférence de la Terre. Il a eu l'idée de mesurer la longueur d'une ombre dans deux villes situées à une distance connue. Il a utilisé une ville nommée Syène (Assouan), où, au solstice d'été, le soleil plombe directement à l'horizontale et ne projette aucune ombre sur une barre verticale. En même temps, il a mesuré un angle de sept degrés dans une ombre à Alexandrie, une ville située au nord. Connaissant la distance entre les villes et la différence dans l'angle de l'ombre, Ératosthène a été en mesure de calculer la circonférence de la Terre, à 10 % près de la valeur acceptée. En raison de ses grandes contributions dans de nombreux domaines, Ératosthène a été nommé directeur de la bibliothèque d'Alexandrie.

VISIBLE JOUR LUNAIRE 9
L'avez-vous vu ?

JOURS 9 À 13

32 Le M lunaire (monts Riphées)

Longue de seulement 150 km, cette petite chaîne de montagnes bien visible sépare l'océan des Tempêtes (*Oceanus Procellarum*) et la mer maintenant connue sous le nom de *Mare Cognitum*. Les monts Riphées sont une cible facile à identifier, car elles ressemblent à la lettre minuscule manuscrite μ ou Mu (m dans l'alphabet grec) vue en miroir inversé.

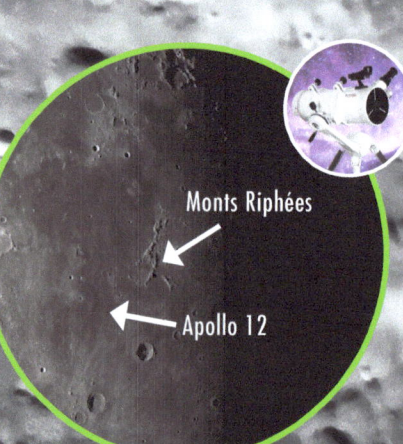

Fait stellaire !

Le 19 novembre 1969, les astronautes d'Apollo 12 Pete Conrad et Alan Bean ont atterri à 100 km au nord des monts Riphées. Il s'agissait de la deuxième mission Apollo qui faisait atterrir des humains sur la Lune. Conrad, le pilote du module lunaire, a effectué un atterrissage précis, à moins de 160 m d'un autre vaisseau spatial, Surveyor 3.

VISIBLE JOUR LUNAIRE 10
L'avez-vous vu ?

« Youpi ! C'était peut-être un petit pas pour Neil, mais c'en est un grand pour moi. »
– Premiers mots de Pete Conrad depuis la surface lunaire, prononcés alors qu'il descendait de l'échelle du module atterrisseur.

Alan Bean et Surveyor 3.

Alan Bean descendant du module lunaire.

Apollo 12 a décollé dans des conditions météorologiques qui n'étaient pas optimales. La fusée a été frappée par la foudre pendant le lancement (ce qui arrive souvent aux avions). Plusieurs instruments de vol se sont alors réinitialisés, mais tout est (heureusement) revenu à la normale.

JOURS 9 À 13

33 Montes Recti

Montes recti est une chaîne de montagnes de 90 km de long qui s'élève à près de 2 km au nord de la *Mare Imbrium* (mer des Pluies). Ces monts, avec trois autres, sont les vestiges de la paroi intérieure du bassin de cette mer lunaire.

Le rover chinois Yutu « lapin de jade » photographié depuis l'atterrisseur automatique Chang'e 3.

Fait stellaire !

À seulement 100 km au sud de cette formation se trouve la zone d'atterrissage du premier rover lunaire automatique chinois. Le vaisseau spatial Chang'e 3 porte le nom d'une déesse lunaire de la mythologie chinoise, et le nom du rover, Yutu, signifie « lapin de jade », un animal domestique de la déesse.

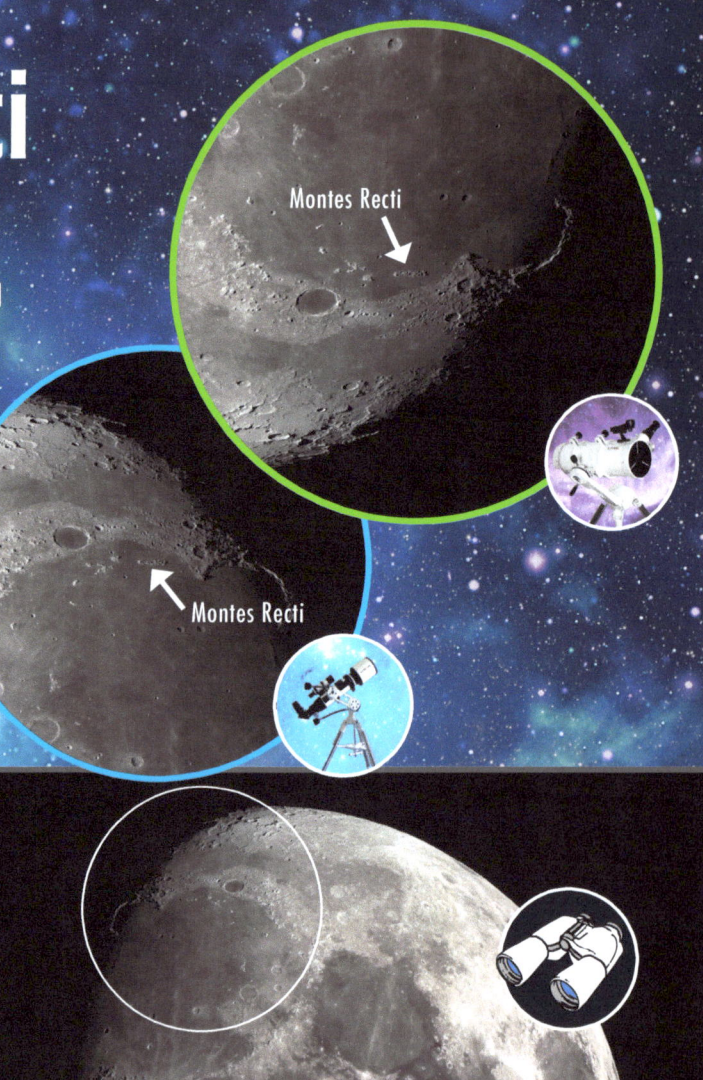

VISIBLE JOUR LUNAIRE 10
L'avez-vous vu ?

JOURS 9 À 13

34 Le cratère Copernicus

Le cratère Copernicus produit les rayons les plus brillants de la Lune, juste après Tycho. Au neuvième jour cependant, lorsque Copernicus est près du terminateur, les rayons sont à peine visibles. Observez plutôt les pics centraux et les parois en terrasse.

Fait stellaire !

Le cratère porte le nom de Nicolas Copernic. Ce célèbre astronome et mathématicien polonais a placé le Soleil au centre de l'univers. Avant Copernic, le modèle géocentrique plaçait la Terre au centre.

VISIBLE JOUR LUNAIRE 10
L'avez-vous vu ?

35 Les montagnes zigzag

Les monts Carpates (*Montes Carpatus*) se trouvent près de Copernicus, à l'extrémité sud de la mer des Pluies (*Mare Imbrium*). Ce massif de 400 km de long semble zigzaguer sur un terrain ponctué de quelques petits cratères. Le plus grand cratère de la chaîne, T. Mayer, ne fait que 33 km de diamètre.

Monts Carpates

Monts Carpates

Fait stellaire !

Les Carpates terrestres traversent sept pays d'Europe de l'Est. Le nom de ces montagnes a été mentionné pour la première fois au IIe siècle par Claudius Ptolémée, dans un atlas de l'Empire romain. Ptolémée était l'astronome et le géographe romain dont le cratère Ptolémée porte le nom.

VISIBLE JOUR LUNAIRE 10
L'avez-vous vu ?

JOURS 9 À 13

36 Le cratère à la cape

Bullialdus est un cratère de 61 km de large sur le bord ouest de la mer des Nuages (*Mare Nubium*). La couche d'éjectas prononcée du cratère est constituée de poussière et de roches projetées par l'impact original. Cette couche est plus accidentée d'un côté que de l'autre, ce qui lui donne l'apparence d'une cape de héros vue du dessus. Les deux cratères au sud sont simplement appelés Bullialdus A (26 km de diamètre) et Bullialdus B (21 km de diamètre).

Fait stellaire !

Bullialdus porte le nom de l'astronome et prêtre français Ismaël Bullialdus, connu pour son livre de 1645, *Astronomia Philolaica*. Bullialdus s'est efforcé de concilier le parcours elliptique des planètes autour du Soleil (un concept qu'il a accepté) avec la notion précédemment acceptée voulant que les planètes parcourent un cercle (un concept fondé uniquement sur la religion).

VISIBLE JOUR LUNAIRE 10
L'avez-vous vu ?

JOURS 9 À 13

37 Les deux îles

Ces deux cratères de taille similaire apparaissent vers le neuvième jour, près du cratère Copernicus, dans une région récemment nommée la mer des Îles (*Mare Insularum*). Reinhold, d'une largeur de 48 km, est plus vaste que Lansberg, d'une largeur de 39 km. À mi-chemin entre ces deux cratères se trouve le site d'impact, perdu depuis longtemps, du propulseur de troisième étage d'Apollo 16 (S-IVB). Après avoir poussé le vaisseau spatial Apollo à la vitesse appropriée, les propulseurs ont été largués et pilotés intentionnellement dans la Lune dans le cadre d'une expérience sur les ondes sismiques. Le S-IVB a frappé la surface lunaire à plusieurs milliers de kilomètres-heure, formant des cratères d'environ 40 m de large (il faudrait qu'ils soient environ 50 fois plus larges pour être visibles de la Terre). Le cratère d'Apollo 16 S-IVB a été découvert en 2015 par le *Lunar Reconnaissance Orbiter* de la NASA.

Saturn 5, troisième étage

Fait stellaire !

Le cratère Reinhold porte le nom de l'astronome allemand Erasmus Reinhold. Lansberg porte le nom de l'astronome néerlandais Johan Philip Lansberge.

VISIBLE JOUR LUNAIRE 10
L'avez-vous vu ?

JOURS 9 À 13

38 Les rayons de Kepler

Kepler, un cratère de 29 km de diamètre, est l'un des trois cratères à « rayons » près du limbe ouest de la Lune. Il possède tellement de rayons (je compte au moins dix segments séparés) qu'il ressemble à un soleil dessiné par un enfant. Pendant la pleine Lune, ces cratères font partie du triangle lunaire mentionné dans la section « Pleine Lune ».

Les trois lois de Kepler (paraphrasées) :
1. Les planètes se déplacent sur des orbites elliptiques, le Soleil étant l'un des foyers.
2. Les planètes balaient des surfaces égales en temps égal.
3. Le carré de la période de révolution T (en années) d'une planète est proportionnel au cube de son demi-grand axe a (en unités astronomiques, le rayon moyen de l'orbite terrestre) ; c'est-à-dire $T^2 = a^3$.

Fait stellaire !

Kepler porte le nom de Johannes Kepler, l'une des figures les plus importantes de l'histoire de l'astronomie. En utilisant les données de l'astronome Tycho Brahe, Kepler a développé les trois fameuses lois du mouvement planétaire. Ces lois, combinées à la loi de la gravitation universelle de Newton, sont fondamentales à notre compréhension des orbites planétaires et au calcul des orbites des engins spatiaux que nous envoyons dans l'espace profond. Les étudiants en astrophysique utilisent couramment la troisième loi de Kepler.

VISIBLE JOUR LUNAIRE 11
L'avez-vous vu ?

39 La bague à diamant

Surnommé la « bague à diamant », Gassendi est un cratère complexe de 110 km de large, dont le fond est ponctué de plusieurs collines et rainures qui s'entrecroisent dans toutes les directions. Le cratère voisin, Gassendi A, constitue le diamant de la bague. Gassendi A fait 33 km de diamètre, mais, avec ses parois de cratère élevées, ce petit cratère est deux fois plus profond que Gassendi.

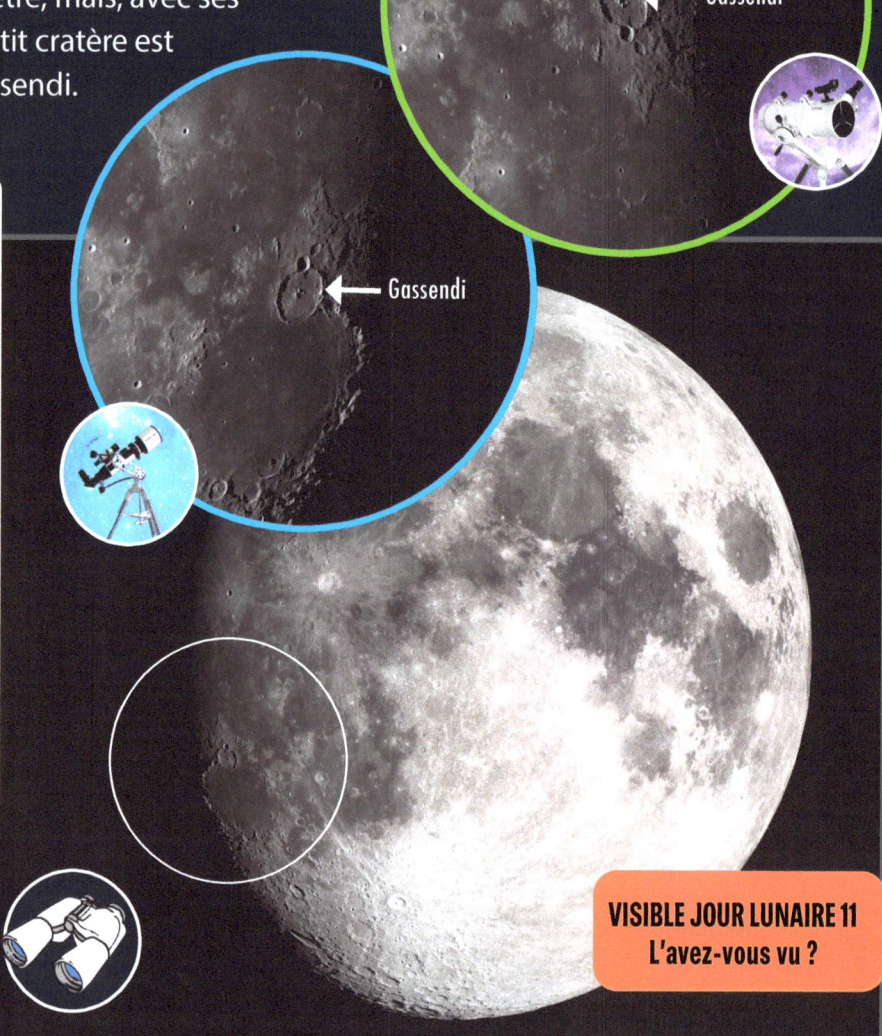

Fait stellaire !

Ce cratère porte le nom de Pierre Gassendi, un astronome et philosophe français du XVIIe siècle. Gassendi a reçu de Galilée des télescopes qu'il a utilisés pour observer minutieusement la position des planètes. Il est la première personne qui a observé le passage de Mercure devant le Soleil, un événement qui se produit une ou deux fois par décennie.

VISIBLE JOUR LUNAIRE 11
L'avez-vous vu ?

JOURS 9 À 13

40 La baie des Arcs-en-ciel

Visible avec des jumelles, la baie des Arcs-en-ciel (*Sinus Iridum*) se trouve dans le coin nord-ouest de la mer des Pluies (*Mare Imbrium*). Les monts Jura entourent la baie et s'incurvent dans la mer lunaire en deux points, ou « promontoria », nommés Laplace au nord et Heraclides au sud. À environ 50 km au sud d'Heraclides se trouve le point d'atterrissage d'une sonde spatiale soviétique sans équipage datant de 1970. La sonde s'appelait Luna 17 et comprenait un rover lunaire à huit roues nommé Lunokhod 1. Les Soviétiques ont piloté ce rover pendant 322 jours, pendant lesquels il a parcouru plus de 10 km.

Baie des Arcs-en-ciel

Baie des Arcs-en-ciel

Le rover soviétique Lunokhod 1

Fait stellaire !

Les montagnes qui entourent cette baie tirent leur nom du massif du Jura. Situé entre la France et la Suisse, ce massif fait partie des Alpes occidentales.

VISIBLE JOUR LUNAIRE 11
L'avez-vous vu ?

41 Le cratère du cornichon

Les cratères sont presque toujours circulaires, et seul un impact rasant créera une forme allongée. Ce cratère exceptionnel est tout sauf circulaire. Avec 179 km de long et seulement 71 km de large, cette formation a sans doute été créée par l'impact de deux astéroïdes à angles très faibles. Peu après l'impact ou les impacts, de la lave s'est accumulée dans le fond du cratère, combinant les cratères en une dépression allongée.

Fait stellaire !

Le cratère Schiller doit son nom à Julius Schiller, auteur du livre de 1627, *Coelum Stellatum Christianum* (Atlas chrétien du ciel). Dans ce livre, Schiller a tenté de remplacer toutes les constellations classiques, qui sont basées sur la mythologie grecque et romaine, par des symboles chrétiens et des personnages bibliques.

Une page du *Coelum Stellatum Christianum*.

VISIBLE JOUR LUNAIRE 11
L'avez-vous vu ?

JOURS 9 À 13

42 La tête de cobra

Vers le 12ᵉ jour du cycle lunaire apparaît l'une des caractéristiques les plus intéressantes de la Lune : immédiatement à l'ouest du cratère Aristarque se trouve l'imposante vallée de Schröter, où repose un cratère inondé, appelé Hérodote, formant la tête d'un cobra.

Aristarque, qui fait environ 40 km de diamètre, est l'un des cratères les plus brillants de la Lune. La valeur de la luminosité de la surface lunaire se nomme **albédo** : c'est la propriété réfléchissante des diverses roches lunaires et de la poussière. Par exemple, les roches contenant beaucoup de fer semblent foncées, tandis que les **brèches**, qui ont des propriétés vitreuses, sont plus réfléchissantes.

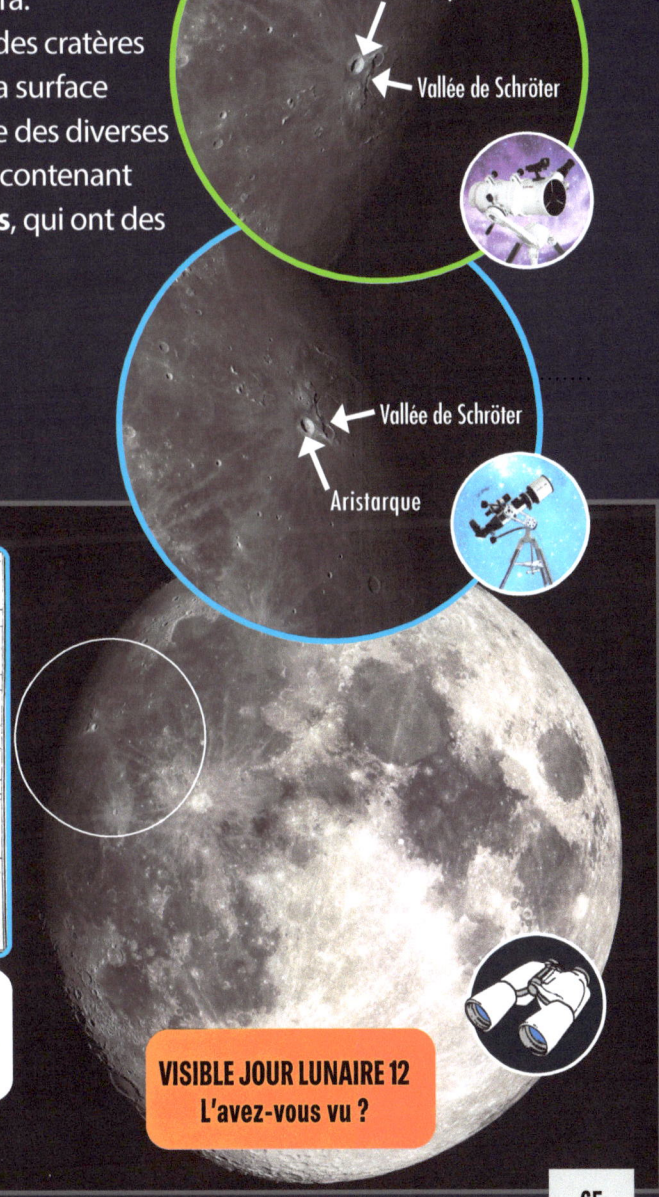

Fait stellaire !

Aristarque, un astronome grec du IIIᵉ siècle AÈC, fut l'un des premiers à proposer un modèle de l'univers centré sur le Soleil. Comme il vivait bien avant l'invention du télescope, ses hypothèses étaient impossibles à vérifier et un modèle géocentrique (centré sur la Terre) de l'univers a dominé pendant plus de 1800 ans. La vallée de Schröter doit son nom à Johann Hieronymus Schröter, connu pour avoir étudié la topographie de la Lune et de Mars.

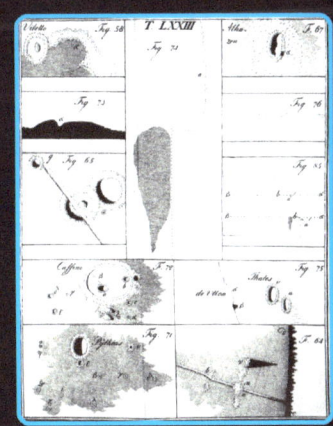

Les cartes des caractéristiques lunaires de Schröter

VISIBLE JOUR LUNAIRE 12
L'avez-vous vu ?

JOURS 9 À 13

43 Le cratère de la courtepointe

Avec ses 227 km de diamètre, Schickard est assez imposant. Ce cratère circulaire semble allongé, car il est situé près du limbe de la Lune (le bord de la partie visible de la Lune) et que nous l'observons à un angle très faible. Le fond de ce cratère n'est que partiellement inondé de lave, ce qui lui donne un aspect ponctué d'un mélange de taches claires et foncées.

Schickard vu directement du dessus par le *Lunar Reconnaissance Orbiter*.

Fait stellaire !

Ce cratère porte le nom d'un professeur et inventeur allemand nommé Wilhelm Schickard. Schickard était un ami de Johannes Kepler, l'homme qui a développé les lois du mouvement planétaire. Schickard est reconnu pour avoir conçu des machines à calculer mécaniques pour les mathématiques et la mécanique orbitale.

Peinture de Wilhelm Schickard tenant un modèle mécanique du système solaire.

VISIBLE JOUR LUNAIRE 12
L'avez-vous vu ?

JOURS 9 À 13

44 Les tourbillons lunaires

Ces étranges motifs sur la surface lunaire ressemblent à un mélange de peintures sur une palette. Comme ils sont complètement plats, ils ne projettent pas d'ombre. Les scientifiques ont proposé plusieurs modèles pour expliquer ce phénomène : la plupart des hypothèses impliquent des champs magnétiques locaux ou des vents solaires qui influencent les particules de poussière chargées électriquement. Ce phénomène se trouve à de nombreux endroits sur la Lune, mais la plus importante formation tourbillonnaire, nommée Reiner Gamma, est située juste à l'ouest du cratère Reiner (qui se trouve à environ 500 km à l'ouest du cratère Kepler).

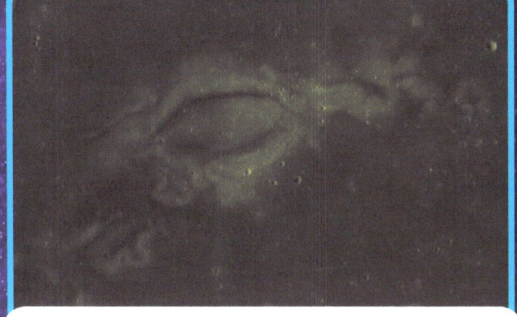

Image du tourbillon lunaire Reiner Gamma prise du *Lunar Reconnaissance Orbiter*.

Fait stellaire !

Le tourbillon Reiner Gamma, associé au cratère Reiner à proximité, porte le nom de l'astronome italien Vincentio Reinieri. Reinieri était un élève de Galilée qui a peaufiné les observations de son maître sur les lunes de Jupiter.

VISIBLE JOUR LUNAIRE 13
L'avez-vous vu ?

JOURS 9 À 13

45 Le dôme des dômes

Près du limbe nord-ouest se trouve un monticule de 73 km de large qui ressemble à un cratère inversé. Ce complexe volcanique en forme de dôme grumeleux, nommé *Mons Rümker*, est accentué de plusieurs dômes plus petits. Cet objet ne peut être vu que vers le 13e jour lunaire, lorsque le terminateur s'approche du limbe ouest. Une fois que le Soleil se lève à cet endroit, la structure se fond dans son environnement. La **libration** de la Lune affecte également la visibilité de cet objet.

Mons Rümker

Mons Rümker

Fait stellaire !

Cette formation porte le nom de Karl Rümker, un astronome allemand directeur de l'observatoire de Hambourg. Rümker, qui a vécu de 1788 à 1862, est l'une des plus récentes personnes dont le nom a été donné à une grande formation sur la face visible de la Lune.

VISIBLE JOUR LUNAIRE 13
L'avez-vous vu ?

JOURS 9 À 13

46 Grimaldi : Le cratère au fond sombre

Grimaldi est un bassin lunaire (grand cratère au fond sombre) observable de préférence dans les jours précédant et suivant la pleine Lune. Comme une mer lunaire, son fond sombre contraste fortement avec les cratères et les monts plus clairs qui l'entourent, à un point tel que ce cratère de 172 km de large est clairement visible avec des jumelles.

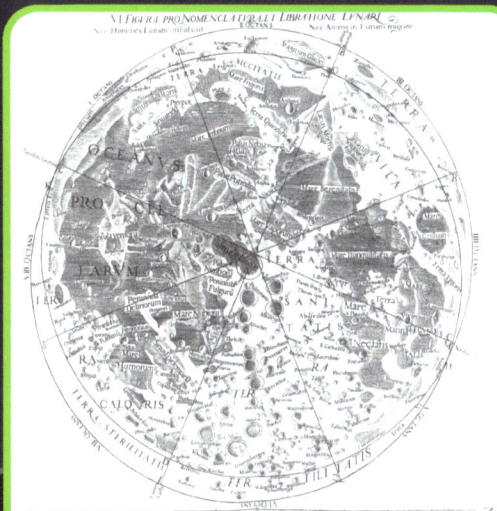

Sélénographie de Grimaldi et Riccioli

Fait stellaire !

Ce cratère porte le nom de Francesco Maria Grimaldi, un prêtre et astronome jésuite du XVIIe siècle. Grimaldi, aidé de Giovanni Riccioli, a créé une carte lunaire appelée une **sélénographie**. Cette carte lunaire a été utilisée pour choisir les noms des cratères lunaires. Comme Grimaldi et Riccioli étaient tous deux prêtres, il n'est pas surprenant que plus d'une trentaine de prêtres jésuites (dont la plupart étaient aussi des scientifiques) aient été honorés avec des cratères à leur nom.

Grimaldi

Grimaldi

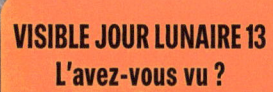

VISIBLE JOUR LUNAIRE 13
L'avez-vous vu ?

JOURS 9 À 13

Jour 14
Pleine Lune

Lorsque la Lune est pleine, prenez le temps de regarder à nouveau les cratères et les objets que vous avez observés au cours des 13 derniers jours du cycle lunaire. La plupart de ces objets sont baignés de lumière et presque invisibles dans l'éclat aveuglant de la pleine Lune. Certains éléments se transforment cependant dans la lumière directe du Soleil et leurs propriétés réfléchissantes exposent des régions de la surface lunaire jusque-là inexplorées.

47 Tycho

Bien que ce cratère de 85 km de large soit visible dès le huitième jour lunaire, Tycho ne brille de toute sa splendeur que quelques jours plus tard, pendant la pleine Lune, quand ses éjectas tracent un arc sur une grande partie du disque lunaire. En 1968, la NASA a fait atterrir le vaisseau spatial automatique Surveyor 7 équipé d'une caméra vidéo sur le bord de ce cratère. Cette mission a été la dernière mission automatique sur la Lune avant l'arrivée des astronautes en 1969.

Image du cratère Tycho depuis la surface lunaire, prise par la sonde Surveyor 7.

Fait stellaire !

Tycho porte le nom de l'astronome danois du XVIe siècle Tycho Brahe. Les mesures très précises de Tycho sur la position des planètes ont permis à Johannes Kepler de développer les trois lois du mouvement planétaire. Tycho est mort en 1601, sept ans seulement avant l'invention du télescope.

Gravure de Tycho Brahe au Musée des Beaux-Arts de Houston.

VISIBLE JOUR LUNAIRE 14
L'avez-vous vu ?

Tycho

48 Le triangle lunaire

Le triangle lunaire est visible le jour avant et plusieurs jours suivant la pleine Lune. Il est formé par l'intersection des rayons d'un trio de cratères : Kepler, Copernicus et Aristarque.

Ces trois cratères sont liés entre eux par des rayons, tout comme les hommes dont ils portent le nom sont liés ensemble dans l'histoire. Nous appelons « révolution copernicienne » le passage qui s'est fait au XVe siècle vers un univers centré sur le Soleil. Toutefois, Copernic croyait simplement qu'il revisitait la sagesse antique, puisque c'est Aristarque, 1800 ans plus tôt, qui avait initialement amené l'idée que la Terre n'est pas le centre du système solaire.

Une génération plus tard, Kepler a conçu ses lois et a jeté les bases mathématiques qui ont solidifié l'idée que la Terre et les planètes orbitent autour du Soleil.

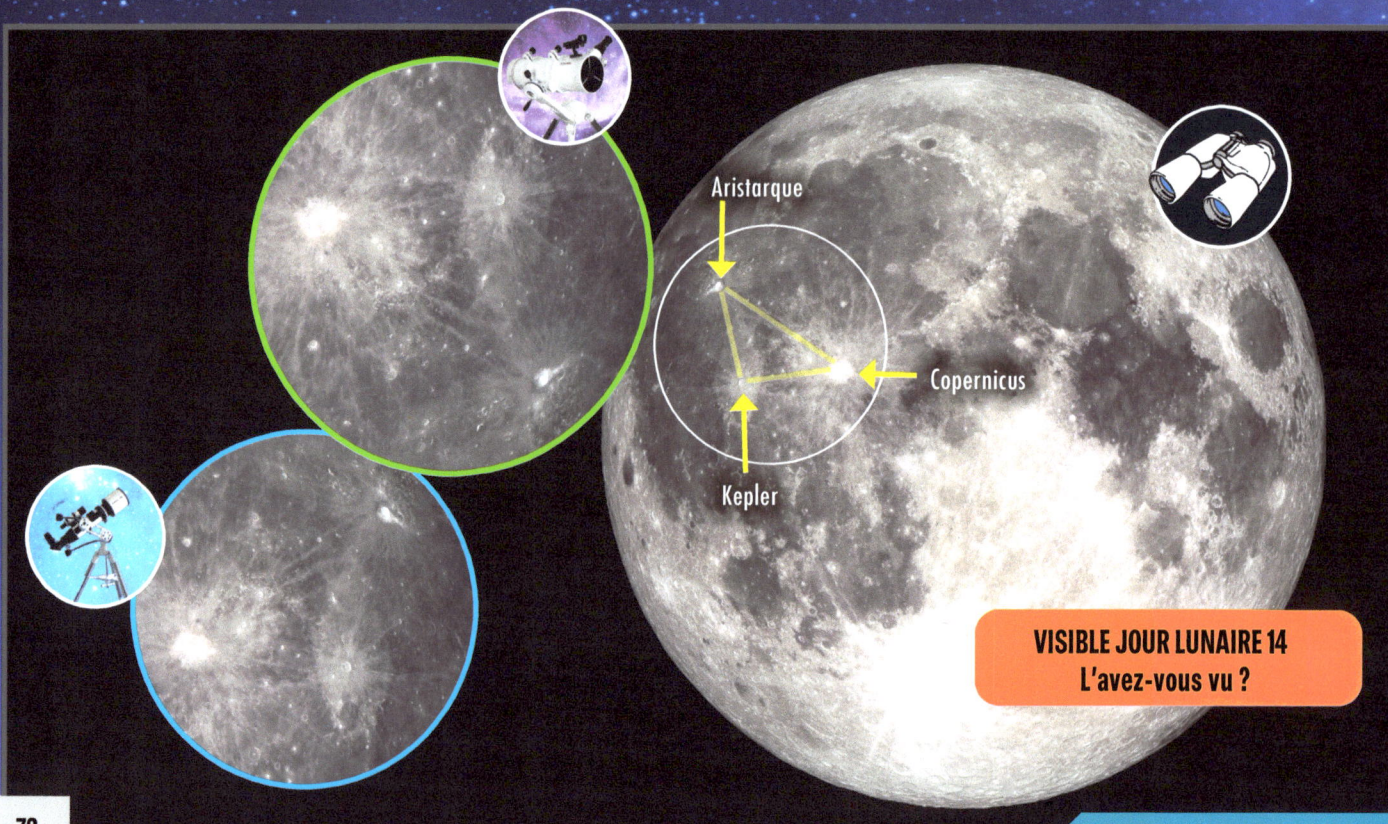

VISIBLE JOUR LUNAIRE 14
L'avez-vous vu ?

JOUR 14

49 Les phares d'automobiles

Le cratère Furnerius A, faisant 10 km de large, est un cratère satellite adjacent au « groupe des quatre ». Il est rejoint par un minuscule cratère de 8 km de large, Stevinus A. Ces deux cratères sont extrêmement lumineux pendant la pleine Lune, leurs rayons étant visibles sur 100 km de la surface lunaire.

Fait stellaire !

Stevinus A (et son cratère parent, Stevinus) porte le nom d'un ingénieur flamand appelé Simon Stevin, connu pour avoir appliqué les lois de la physique et des mathématiques aux problèmes d'ingénierie. Son invention la plus impressionnante est sans doute le char à voile : un char propulsé par le vent qui se déplace à grande vitesse sur la plage.

Le char à voile inventé par Stevin vers 1600.

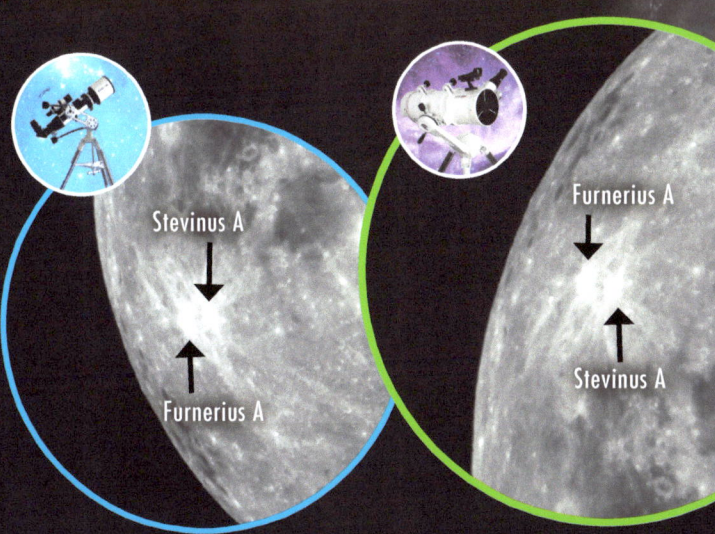

VISIBLE JOUR LUNAIRE 14
L'avez-vous vu ?

JOUR 14

50 Palus Somni

Jetez un coup d'œil au minuscule cratère Proclus, large de 28 km. Il est à peine perceptible lors de la phase du premier croissant, mais à la pleine Lune, c'est l'un des cratères les plus brillants, grâce à ses éjectas projetés en éventail sur les mers et les monts voisins. Si vous regardez de près, vous remarquerez qu'en dessous de Proclus, une partie de la mer lunaire appelée Palus Somni apparaît. Cette zone est beaucoup plus lumineuse (elle a un albédo élevé) que la mer de la Tranquillité, à la frontière sud-ouest de Palus Somni.

Fait stellaire !

Proclus porte le nom de Proclus Lycaeus, un philosophe du Ve siècle ÈC Proclus est surtout célèbre pour ses commentaires sur les philosophes antérieurs, tels que Platon, et pour avoir été à la tête de l'Académie platonicienne d'Athènes pendant presque 50 ans.

VISIBLE JOUR LUNAIRE 14
L'avez-vous vu ?

Caractéristiques notables de la face cachée de la Lune

Cratère Birkhoff
Nommé en l'honneur d'un mathématicien américain

Cratère (rayon) Jackson
Nommé en l'honneur d'un astronome écossais

Mer de Moscovie
Mare Moscoviense

Cratère Korolev
Nommé en l'honneur d'un fuséologue soviétique

Cratère Mendeleïev
Nommé en l'honneur d'un chimiste russe

Cratère Hertzsprung
Nommé en l'honneur d'un astronome danois

Cratère Tsiolkovskiy
Nommé en l'honneur d'un physicien soviétique

Cratère Gagarine
Nommé en l'honneur du premier homme dans l'espace

Apollo
Nommé en l'honneur des missions Apollo

Mer d'Ingénuité
Mare Ingenii

Cratère Oppenheimer
Nommé en l'honneur d'un physicien américain

Cratère Von Kármán
Site d'atterrissage de la mission chinoise Chang'e 4, la première mission automatique sur la face cachée de la Lune.

Annexe 1 Calendrier des éclipses lunaires

DATE DU CALENDRIER	TYPE D'ÉCLIPSE	MEILLEUR TEMPS D'ÉCLIPSE (TUC)	DURÉE DE L'ÉCLIPSE	RÉGION GÉOGRAPHIQUE DE VISIBILITÉ DE L'ÉCLIPSE
16 juillet 2019	Partielle	21:32	2 h 58 min	Amérique du Sud, Europe, Afrique, Asie, Australie
26 mai 2021	Totale	11:20	3 h 07 min	Asie de l'Est, Australie, Pacifique, Amériques
19 novembre 2021	Partielle	9:04	3 h 28 min	Amériques, nord de l'Europe, Asie de l'Est, Australie, Pacifique
16 mai 2022	Totale	4:13	3 h 27 min	Amériques, Europe, Afrique
8 novembre 2022	Totale	11:00	3 h 40 min	Asie, Australie, Pacifique, Amériques
28 octobre 2023	Partielle	20:15	1 h 17 min	Est des Amériques, Europe, Afrique, Asie, Australie
18 septembre 2024	Partielle	2:45	1 h 03 min	Amériques, Europe, Afrique
14 mars 2025	Totale	7:00	3 h 38 min	Pacifique, Amériques, Europe de l'Ouest, Afrique de l'Ouest
7 septembre 2025	Totale	18:13	3 h 29 min	Europe, Afrique, Asie, Australie
3 mars 2026	Totale	11:35	3 h 27 min	Asie de l'Est, Australie, Pacifique, Amériques
28 août 2026	Partielle	4:14	3 h 18 min	Pacifique Est, Amériques, Europe, Afrique
12 janvier 2028	Partielle	4:14	0 h 56 min	Amériques, Europe, Afrique
6 juillet 2028	Partielle	18:21	2 h 21 min	Europe, Afrique, Asie, Australie
31 décembre 2028	Totale	16:53	3 h 29 min	Europe, Afrique, Asie, Australie, Pacifique
26 janvier 2029	Totale	3:23	3 h 40 min	Amérique, Europe, Afrique, Moyen-Orient
20 décembre 2029	Totale	22:43	3 h 33 min	Amériques, Europe, Afrique, Asie
15 juin 2030	Partielle	18:35	2 h 24 min	Europe, Afrique, Asie, Australie

Prédictions des éclipses de Fred Espenak, du Goddard Space Flight Center de la NASA

Annexe 2 Calendrier des éclipses solaires

DATE DU CALENDRIER	TYPE D'ÉCLIPSE	MEILLEUR TEMPS D'ÉCLIPSE (TUC)	RÉGION GÉOGRAPHIQUE DE VISIBILITÉ DE L'ÉCLIPSE
2 juillet 2019	Totale	19:24	Totale : Centre de l'Argentine et du Chili, archipel des Tuamotu. Partielle : Amérique du Sud, île de Pâques, îles Galápagos, sud de l'Amérique centrale, Polynésie.
26 décembre 2019	Annulaire	5:18	Annulaire : Nord-est de l'Arabie saoudite, Bahreïn, Qatar, Émirats arabes unis, Oman, Lakshadweep, sud de l'Inde du Sud, Sri Lanka, nord du Sumatra, sud de la Malaisie, Singapour, Bornéo, Indonésie centrale, Palau, Micronésie, Guam. Partielle : Asie, Mélanésie occidentale, nord-ouest de l'Australie, Moyen-Orient, Afrique de l'Est.
21 juin 2020	Annulaire	6:41	Annulaire : République démocratique du Congo, Soudan, Éthiopie, Érythrée, Yémen, Rub al-Khali, Oman, sud du Pakistan, nord de l'Inde, New Delhi, Tibet, sud de la Chine, Chongqing, Taiwan. Partielle : Asie, sud-est de l'Europe, Afrique, Moyen-Orient, Mélanésie occidentale, Australie occidentale, Territoire du Nord, Péninsule du Cap York.
14 décembre 2020	Totale	16:15	Totale : Sud du Chili et de l'Argentine, Kiribati, Polynésie. Partielle : Centre et sud de l'Amérique du Sud, sud-ouest de l'Afrique, péninsule Antarctique, terre d'Ellsworth, ouest de la terre de la Reine-Maud.
10 juin 2021	Annulaire	10:43	Annulaire : nord du Canada, Groenland, Russie. Partielle : nord de l'Amérique du Nord, Europe, Asie.
4 décembre 2021	Totale	7:35	Totale : Antarctique. Partielle : Afrique du Sud, Atlantique Sud.
30 avril 2022	Partielle	20:43	Partielle : sud-est du Pacifique, sud de l'Amérique du Sud.
25 octobre 2022	Partielle	11:01	Partielle : Europe, nord-est de l'Afrique, Moyen-Orient, Asie occidentale.
20 avril 2023	Hybride	4:18	Hybride : Indonésie, Australie, Papouasie-Nouvelle-Guinée. Partielle : sud-est de l'Asie, Indes orientales, Philippines, Nouvelle-Zélande.
14 octobre 2023	Annulaire	18:01	Annulaire : ouest des États-Unis, Amérique centrale, Colombie, Brésil. Partielle : Amérique du Nord, Amérique centrale, Amérique du Sud.
8 avril 2024	Totale	18:18	Totale : Mexique, centre des États-Unis, est du Canada. Partielle : Amérique du Nord, Amérique centrale.
2 octobre 2024	Annulaire	18:46	Annulaire : sud du Chili, sud de l'Argentine. Partielle : Pacifique, sud de l'Amérique du Sud.
29 mars 2025	Partielle	10:49	Partielle : Nord-ouest de l'Afrique, Europe, nord de la Russie.
21 septembre 2025	Partielle	19:43	Partielle : Pacifique Sud, Nouvelle-Zélande, Antarctique.
17 février 2026	Annulaire	12:13	Annulaire : Antarctique. Partielle : Sud de l'Argentine, Chili, Afrique du Sud, Antarctique.
12 août 2026	Totale	17:47	Totale : Arctique, Groenland, Islande, Espagne, Espagne, nord-est du Portugal. Partielle : nord de l'Amérique du Nord, Afrique de l'Ouest, Europe.
6 février 2027	Annulaire	16:01	Annulaire : Chili, Argentine, Atlantique. Partielle : Amérique du Sud, Antarctique, Afrique occidentale et australe.
2 août 2027	Totale	10:08	Totale : Maroc, Espagne, Algérie, Libye, Égypte, Arabie saoudite, Yémen, Somalie. Partielle : Afrique, Europe, Moyen-Orient, Asie de l'Ouest et du Sud.
26 janvier 2028	Annulaire	15:09	Annulaire : Équateur, Pérou, Brésil, Suriname, Espagne, Portugal. Partielle : Est de l'Amérique du Nord, Amérique centrale et du Sud, Europe occidentale, nord-ouest de l'Afrique.
22 juillet 2028	Totale	2:57	Totale : Australie, Nouvelle-Zélande. Partielle : Asie du Sud-Est, Indes orientales
14 janvier 2029	Partielle	17:14	Partielle : Amérique du Nord, Amérique centrale.
12 juin 2029	Partielle	4:06	Partielle : Arctique, Scandinavie, Alaska, Asie du Nord, nord du Canada.
11 juillet 2029	Partielle	15:37	Partielle : Sud du Chili, sud de l'Argentine.
5 décembre 2029	Partielle	15:04	Partielle : Sud de l'Argentine, sud du Chili, Antarctique.
1er juin 2030	Annulaire	6:29	Annulaire : Algérie, Tunisie, Grèce, Turquie, Russie, nord de la Chine, Japon. Partielle : Europe, nord de l'Afrique, Moyen-Orient, Asie, Arctique, Alaska.

Prédictions des éclipses de Fred Espenak, du Goddard Space Flight Center de la NASA

Glossaire

ALBÉDO — Mesure du degré de réflexion d'une surface. Les différents terrains lunaires sont souvent caractérisés par leur réflectivité ou albédo.

APOGÉE — Point où un satellite (y compris la Lune) se trouve le plus loin de la Terre sur son orbite. (Voir aussi « périgée ».)

BRÈCHE — Type de roche formé par l'écrasement, la fonte et le remixage de la roche causés par un impact météorique.

CLAIR DE TERRE — Lumière solaire réfléchie par la Terre qui éclaire faiblement le côté nocturne de la Lune.

ÉCLIPSE ANNULAIRE — Éclipse solaire où la Lune est parfaitement alignée avec le Soleil, mais trop éloignée de la Terre, donc trop petite, pour bloquer tout le disque du Soleil. **L'observation sécuritaire d'une éclipse annulaire nécessite l'utilisation d'une visionneuse d'éclipse appropriée.**

ÉCLIPSE LUNAIRE — Alignement de la Lune avec l'ombre de la Terre projetée par le Soleil, faisant en sorte que toute la Lune ou une partie de celle-ci ne reçoit pas de lumière solaire directe. La Lune peut sembler devenir rouge.

ÉCLIPTIQUE — Ligne imaginaire dans la sphère céleste que le Soleil semble parcourir au cours d'une année.

FACE CACHÉE — Le côté de la Lune qui n'est pas visible de la Terre (souvent appelé à tort le « côté obscur »).

FACE VISIBLE — Face visible de la Lune aux observateurs sur Terre.

FAILLE (LUNAIRE) — Fracture à la surface de la Lune, souvent appelée par son nom latin, *rupes*, causée par des impacts d'astéroïdes ou une ancienne activité volcanique.

JOUR LUNAIRE — Période de 29 jours (terrestres), 12 heures et 44 minutes — le temps d'un lever (ou coucher) de soleil à l'autre, à un endroit fixe sur la Lune.

LEVER ET COUCHER DE LUNE — Heure exacte à laquelle la Lune se lève ou se couche par rapport à l'horizon local.

LIBRATION — Le balancement apparent est-ouest et nord-sud de la sphère lunaire, causé principalement par l'excentricité et l'inclinaison de l'orbite de la Lune. Une libration favorable permet de voir plus facilement les éléments près du limbe illuminé.

LIMBE — Bord de la Lune vu de la position de l'observateur, là où la Lune rencontre le ciel. Sauf pendant la pleine lune, une partie du limbe peut être éclairée pendant que le reste est sombre.

MARE — Prononcé *maré*, ce terme latin signifie « mer » et fait référence aux plans sombres de la surface lunaire. Le pluriel est *maria*.

MARÉE — Élévation et baisse du niveau de la mer de la Terre, principalement causées par l'influence gravitationnelle de la Lune.

OCCULTATION LUNAIRE ET OCCULTATION RASANTE — Quand la Lune passe devant une planète ou une étoile, et quand le limbe lunaire rase une planète ou une étoile.

OMBRE — Lors d'une éclipse lunaire, partie de l'ombre de la Terre où la lumière du soleil est complètement (et non partiellement) bloquée.

ORBITE — Trajectoire courbe (principalement elliptique) d'un objet, comme la Lune, qui se déplace autour d'un objet plus grand, comme la Terre.

PÉNOMBRE — Lors d'une éclipse lunaire, partie la plus extérieure de l'ombre de la Terre, où la lumière du soleil n'est que partiellement bloquée.

PÉRIGÉE — Point où un satellite (y compris la Lune) est le plus proche de la Terre dans son orbite. (Voir aussi « apogée ».)

PHASES — Apparence changeante de la Lune pendant son orbite, causée par la lumière du Soleil qui frappe sa surface sous différents angles.

RAINURE — Dépression ou sillon à la surface de la Lune. Souvent appelée par son nom latin *rima* ou *rimae* (pluriel).

RAYONS — Dépôts brillants en motif radial autour de cratères lunaires récemment formés (au cours des 100 derniers millions d'années).

SÉLÉNOGRAPHIE — Étude des caractéristiques de la surface lunaire, surtout avant l'invention des télescopes puissants et des sondes spatiales.

SPHÈRE CÉLESTE — Dôme imaginaire, centré sur l'observateur, sur lequel la position des étoiles dans le ciel est cartographiée.

TERMINATEUR — Limite irrégulière, à peu près nord-sud, entre le jour lunaire et la nuit lunaire, où le Soleil se lève (Lune croissante) ou se couche (Lune décroissante).

TERMES NON SCIENTIFIQUES QUE VOUS POURRIEZ ENTENDRE, MAIS QUI NE SONT PAS DANS CE LIVRE

CÔTÉ OBSCUR DE LA LUNE — L'expression « côté obscur » est souvent confondue avec « face cachée ».

LUNE BLEUE — Deux pleines lunes en un mois. Cela se produit puisque le cycle lunaire de 29,5 jours est plus court que tous les mois, sauf février.

LUNE DE SANG — Autre mot pour éclipse lunaire, rarement utilisé par les astronomes, dont les origines remontent à la Bible.

SUPER LUNE — Pleine Lune ou nouvelle Lune qui se produit lorsque la Lune est près du périgée dans son orbite. Une super Lune pleine n'est que sept pour cent plus grande qu'une pleine Lune moyenne. Les marées océaniques aux super Lunes nouvelles et pleines peuvent être jusqu'à 25 % plus hautes. Le terme a été introduit par un astrologue du XXe siècle et il n'existe pas de définition astronomique acceptée de ce terme.

Mentions de sources

Les images lunaires principales ont été prises par l'auteur à l'aide de ses télescopes de Dobson de 30 cm et 20 cm, ou ceux de l'Observatoire Burke-Gaffney de l'Université Saint Mary's (iPhone sur l'oculaire). D'autres ont été faites par l'auteur grâce à des données du *Scientific Visualization Studio* de la NASA ou du logiciel d'astronomie *Stellarium*. Toutes les autres sources d'image sont fournies ci-dessous :

Celestron : p. 23 (médaillon)

Académie chinoise des sciences/NAOC/Science and Application Center for Moon and Deepspace Exploration : p. 56 (médaillon)

Creative Commons : p. 65 (médaillon, 1791)

David M. F. Chapman : p. 19 (au haut)

Dr Roy Bishop : p. 11 (Anneau de feu)

Hercule aidant Atlas de Claude Mellan : p. 25

NASA (Les images suivent les directives d'utilisation des photos de la NASA) : p. 5, p. 22 (au haut), p. 31, p. 36 (images en médaillon), p. 37, p. 38 (au haut), p. 39 (au haut), p. 41 (au haut), p. 44 (médaillon), p. 45, p. 55, p. 60 (au haut), p. 63 (médaillon), p. 66 (au haut), p. 67 (au haut), p. 71 (au haut), p. 75

NASA/GSFC/Université d'État de l'Arizona : p. 15

Domaine public : p. 4, p. 20 (médaillon), p. 28 (au haut), p. 64 (médaillon), p. 66 (médaillon), p. 69 (au haut), p. 71 (médaillon), p. 73 (au haut)

Shutterstock : p. 43 (médaillon)

Tim Doucette : p. 11 (Éclipse solaire totale)

Bibliographie et lectures complémentaires

21st Century Atlas of the Moon de Charles A. Wood et Maurice J. S. Collins
Atlas de la Lune d'Antonín Rükl
Field Map of the Moon et *Mirror-Image Field Map of the Moon* (*Sky & Telescope*)
"Lunar Observing," *Observer's Handbook* de la Société royale d'astronomie du Canada (SRAC), publié annuellement
The Modern Moon: A Personal View de Charles A. Wood
The Moon and How to Observe It: An Advanced Handbook for Students of the Moon in the 21st Century de Peter Grego
Faits divers non lunaires tirés de l'*Encyclopedia Britannica*

SITES WEB ET LOGICIELS

International Occultation Timing Association :
   www.lunar-occultations.com/iota/iotandx.htm
LRO Quick map : *quickmap.lroc.asu.edu/*
Page du projet Mi'kmaw Moons : *www.facebook.com/www.MikmawMoons*
Moon Atlas (iOS et MacOS)
Page de la Lune de la NASA : *solarsystem.nasa.gov/moons/earths-moon/overview/*
Le Lunar Reconnaissance Orbiter de la NASA : *lunar.gsfc.nasa.gov/*
Programmes d'observation lunaire de la SRAC avec certificats et épinglettes : *www.rasc.ca/observing*
Stellarium : *www.stellarium.org*
Journal de surface de chaque mission Apollo : *www.hq.nasa.gov/alsj/main.html*

QUI SUIVRE SUR TWITTER

Auteur : *@JohnAaronRead*
Lunar Reconnaissance Orbiter : *@LRO_NASA*
Page de la Lune de la NASA : *@NASAMoon*
Astronomy Nova Scotia : *@astronomyns*

www.ingramcontent.com/pod-product-compliance
Lightning Source LLC
Chambersburg PA
CBHW041706160426
43209CB00017B/1758